leykam: *seit 1585*

Peter Zulehner

NEUN RICHTIG, EINS FALSCH

Warum wir nur die Fehler sehen – und wie wir das ändern können

leykam: SACHBUCH

Covergestaltung: Doris Grahl, Art Direktion, Hamburg
Lektorat: Johanna Frank-Stabinger
Satz: Annalena Weber – Buchdesign, Hamburg
Druck: Finidr, s.r.o.
Gesamtherstellung: Leykam Buchverlag
www.leykamverlag.at

ISBN 978-3-7011-8185-8

Die Drucklegung des vorliegenden Bandes wurde unterstützt durch:

Bundesministerium
Kunst, Kultur,
öffentlicher Dienst und Sport

Das Lernfeld, das mir meine beiden Söhne geboten haben, und die Thesen, die ich aus dem Gelernten geformt habe, machen einen großen Teil dieses Textes aus. Lukas und Florian – dieses Buch ist euch beiden gewidmet.

INHALT

Gendererklärung

Personenbezogene Aussagen in diesem Buch beziehen sich auf alle Geschlechter.

Ein Wort zu den Erzählungen in meinem Buch

Alle Erzählungen stammen aus meinem persönlichen Fundus an Erfahrungen und Erlebtem. Auf Namensnennungen habe ich verzichtet, weil sie keinen Mehrwert darstellen, aber ich habe für alle Geschichten das Einverständnis der ursprünglichen Protagonisten zum Abdruck und zur Erwähnung in meinem Buch erhalten. Es ist also ausgeschlossen, dass es um Sie geht, wenn Sie sich in der einen oder anderen Erzählung wiederzuerkennen glauben, ohne dass ich mit Ihnen explizit darüber gesprochen habe.

Weshalb es dieses Buch gibt

»Jeder Mensch sollte die Welt mit seinem Leben ein ganz klein wenig besser machen.«
Frances Hodgson Burnett, Schriftstellerin, 1849–1924

Wertschätzung und Anerkennung sind zentrale Bedürfnisse von uns Menschen, sie steuern uns und führen uns zur Entfaltung und Selbstverwirklichung. Für unser Selbstwertgefühl sind sie so wichtig wie die Nahrung. Nicht umsonst ist *»Feedback is the breakfast of Champions«* von Kenneth H. Blanchard – US-amerikanischer Unternehmer und Autor von Managementbüchern – eines der bekanntesten Zitate in der Managementliteratur, und es drückt sehr gut aus, was ich meine: Positive wie auch negative Rückmeldungen dienen uns zur Orientierung, wie unser Verhalten von Außenstehenden bewertet und verstanden wird. Diese Rückmeldungen einzuholen, zu geben und mit ihnen souverän und dankbar umzugehen, sind wesentliche Grundpfeiler sozialer Kompetenz und wichtige Zutaten für ein gutes Miteinander – sowohl im beruflichen wie auch im privaten Kontext. Wir wollen wahrgenommen und wertgeschätzt werden sowie Anerkennung für unsere Leistungen und unser Verhalten bekommen. Über weite Strecken meines Lebens fällt mir dabei eines auf: Aus verschiedensten Gründen fokussieren wir bei anderen – wie auch bei uns selbst – auf das, was *nicht* passt, was uns *nicht* in Ordnung erscheint oder *nicht* unseren Erwartungen entspricht. Egal wie gut jemand etwas macht oder wie positiv etwas ist: Beinahe reflexartig rücken wir das Negative ins

Zentrum unseres Blicks, sogar dann, wenn es in der Fülle des Positiven eigentlich untergehen müsste.

Negativ wiegt schwerer – warum ist das so? Auf diese Frage ein paar Antworten zu geben und effiziente Methoden zu zeigen, die uns aus diesem fehlerorientierten Denken herausführen können, ist mein Antrieb für dieses Buch.

Ratgeber zum Thema Rückmeldung – das gutbekannte *Feedback*, eines der wichtigsten Werkzeuge wirksamer Führungsarbeit, – füllen ganze Wände in den Buchfachhandlungen rund um den Globus, dasselbe gilt für Literatur zu den Methoden, wie man kritisch-korrigierende wie auch positive Rückmeldung passgenau beim Gegenüber platziert. Das Thema scheint bis zur Erschöpfung und bis in die letzten Winkel ausgeleuchtet, viele winken gelangweilt ab, sobald es zum Gesprächsinhalt wird (»Wissen wir alles …«, »Schon hundertmal gehört …«, »Lernen die doch heute schon im Kindergarten …«), und dennoch finde ich folgenden Umstand auffällig: Wir sind sofort zur Stelle, wenn es Negatives rückzumelden gibt, Positives hingegen ruft kaum oder zumindest deutlich weniger Reaktionsbedarf bei uns hervor. Was ist passiert, dass wir auf »richtig« kaum reagieren, während wir bei »falsch« sofort in Gang kommen? Haben wir verlernt, das Richtige, das Positive, das Gute zu sehen oder konnten wir es noch nie, weil wir es nicht vermittelt bekamen und ab einem bestimmten Punkt unseres Lebens auf das Falsche, das Negative, das Schlechte geprägt wurden?

❞ Einer meiner Coachees – als Coachee wird jene Person bezeichnet, die sich coachen (von seinem Coach zu unterschiedlichen Themen und Herausforderungen des beruflichen und/oder privaten Alltags begleiten) lässt – ist Führungskraft im Dienstleistungssektor und es sind 15 Kennzahlen, an denen er monatlich gemessen wird. Bei 14 dieser betriebswirtschaftlichen Kennzahlen ist er immer unter den Top Drei, also entweder bester, zweitbester oder drittbester Performer unter insgesamt 27 Kollegen mit dem gleichen Stellenprofil. Bei einer einzigen Kennzahl bewegt er sich selten aber doch im Mittelfeld – zwar im oberen, aber eben im Mittelfeld.

Die 14 unter den Top Drei sind kein Thema bei den regelmäßigen Vorstandssitzungen und werden von den Anwesenden bei der Präsentation regungs- und kommentarlos zur Kenntnis genommen – dafür wird von den Sitzungsteilnehmern ausführlich und ausgedehnt zu analysieren versucht, weshalb es »bei dieser einen Kennzahl wieder einmal nicht für ganz oben gereicht hat«.

Ist das nicht völlig bizarr? Über »diese eine Kennzahl« wird oft stundenlang diskutiert, das Lob und die Anerkennung für die herausragende Leistung, bei 14 aus insgesamt 15 Kennzahlen unter den drei Besten zu sein, werden meinem Coachee verwehrt und er verlässt – wenig überraschend – jede Vorstandssitzung mit dem Gefühl der Demotivation und Frustration.

Hand aufs Herz. Dachten Sie beim Lesen obiger Zeilen über meinen Coachee auch gerade, dass das Verhalten des Vorstands völlig normal ist und es doch vorrangige Aufgabe des obersten Gremiums eines Unternehmens sein *muss*, sich auf das zu konzentrieren, was *nicht* so gut läuft und was optimiert werden muss? Meine jahrzehntelange berufliche Praxis und meine mehr als tausend Stunden mit Coachees jeglicher Hierarchiestufen in unterschiedlichsten Branchen haben mir gezeigt, dass Sie mit dieser Ansicht in bester Gesellschaft wären.

Warum denken die meisten von uns so? – Weil wir es nicht anders lernen, und zwar von Kindesbeinen an. Selbst wenn

Eltern oder Erziehungsberechtigte ihren Kindern ein wertschätzendes und auf das Positive fokussierte Miteinander vorleben, treffen unsere Kinder (und natürlich auch wir selbst) außerhalb der Familie in der Realität auf ein System, in dem spätestens ab der Volksschule nicht das Richtige und das Positive zählen, sondern mit einem großen Überhang das Falsche und das Negative im Mittelpunkt des Interesses stehen.

Bei Kleinstkindern ist aus Prinzip noch alles richtig und großartig. Selbst für ein »Stinkerl« in die Windel oder den Topf kassieren unsere Kleinen frenetischen Applaus. Zeichnet ein Kind einen Tausendfüßler, schenkt dem Vater das Bild und sagt: »Schau Papa, ich habe ein Pferd für dich gezeichnet!«, wird der begeistert antworten: »Wow! Ein tolles Pferd hast du da gezeichnet!« Oder kennen Sie tatsächlich jemanden, der zum Kind sagen würde: »Das ist doch kein Pferd, das ist im besten Fall eine Raupe oder ein Tausendfüßler, aber eigentlich kenne ich überhaupt kein Tier, das so aussieht wie das auf deiner Zeichnung!«? Egal, was unsere Kleinsten sagen oder tun – wir finden immer etwas Positives oder etwas, das es zu loben gilt. Wir übertreiben es geradezu mit unserer positiven Bestärkung. Dass zu viel Lob, manipulatives oder pauschalierendes Lob mehr schadet als nützt, ist durch Studien untermauert. Doch darauf möchte ich an dieser Stelle nicht das Augenmerk richten, sondern auf die Tatsache, dass es uns bei unseren Kleinsten *mühelos* gelingt, *an wirklich allem* etwas Gutes zu sehen – und wenn sich das Positive nicht sofort und freiwillig offenbart, geben wir uns wie selbstverständlich ein wenig Mühe, und schon finden wir etwas Gutes, etwas Positives, etwas Herausragendes.

Irgendwann jedoch dreht sich der Wind. Ab der Vor- und Volksschule sind wir plötzlich Bewertungen ausgesetzt und lernen sehr, sehr schnell, dass das Negative, das, was wir falsch machen oder nicht so gut können wie andere, sehr viel mehr Gewicht hat als die positiven Dinge und das, was wir richtig machen. Ab dem Zeitpunkt, wo die Bewertung in unser Leben tritt, dreht sich das uneingeschränkte und bedingungslose Positivdenken und Positivbewerten ins Gegenteil. »Jetzt beginnt der Ernst des Lebens«, lautet der Unheil verkündende und mit einem Schluss-mit-lustig-Unterton ausgestattete Satz, den die meisten von uns irgendwann zu hören bekamen oder womöglich selbst gesagt haben. Der Ernst des Lebens also. Das bedeutet im Grunde nichts anderes, als dass es vorher lustig war und ab sofort wird es nicht mehr lustig sein, sondern eben ernst. Da kommt Freude auf, nicht wahr? Unsere Kinder werden unvermittelt und weitgehend unvorbereitet in eine Umwelt katapultiert, in der nicht mehr alle gleichermaßen fabelhaft und genial sind, sondern in der in »richtig« oder »falsch« eingeteilt wird. In positiv oder negativ. In gut, weniger gut oder schlecht. Was falsch ist, wird kräftig rot markiert – für das Richtige gibt es keine Farbe. Die Kinder erkennen, dass es einen Unterschied macht und dass es eine Bedeutung hat, in welche Kategorie – richtig oder falsch – man fällt und dass plötzlich nicht mehr alles brillant und fantastisch ist, was sie sagen oder tun. Richtig und falsch lassen sich nicht einmal mehr eindeutig auseinanderhalten, denn was vorher toll war, ist plötzlich verkehrt: »Ein Pferd hat *vier* Beine. Das *kann* also kein Pferd sein, was du hier gezeichnet hast!«, heißt es plötzlich in der Schule. Das Leben bekommt einen ernsten Unterton, wenn sich die Bewertung in unserem Leben breitmacht. Damit nicht genug – es wird auch noch verwirrend. Wir lernen, was richtig ist und was falsch, aber das scheint nicht immer eindeutig zu sein. Die Bewertung ist nämlich keine fixe

Größe, sie unterliegt neben ein paar harten und weitgehend unbestechlichen Kriterien (Punkteanzahl, Grammatik, Rechenergebnis und so weiter) ein paar sehr variablen Parametern (Belieben, Ermessen, Geschmack, Laune, Zufall, um nur ein paar zu nennen). An der Bewertung klebt also ein gehöriges Maß an Willkür und Schwankungsbreite, und diese Unstetigkeit nimmt im Lauf unseres Lebens Fahrt auf. Sind es anfangs noch die Kleinigkeiten (»Wie viele Beine hat ein Pferd?«), kommen recht schnell gewichtigere Dinge hinzu (»Bin ich richtig angezogen?«, »Werde ich den gesellschaftlichen Codes gerecht?«). Im Mittelpunkt unseres Interesses steht das Dazugehören, denn wir können nicht auf unser Umfeld verzichten, es nicht abschütteln, und damit liegt der Fokus automatisch auf den Fehlern, die es dafür auszumerzen gilt. Das Positive, das lernen wir früh und schnell, ist eine Selbstverständlichkeit und nichts, das es hervorzuheben gilt – ganz nach dem Motto: »Nicht geschimpft ist schon gelobt genug!«

Zappen Sie einmal in Gedanken durch die Fernsehkanäle. Die erfolgreichsten Unterhaltungsshows spiegeln das perfekt wider. Was wir zu sehen bekommen, ist das Gegenteil von Wertschätzung und Anerkennung: nämlich Herabwürdigung, Demütigung, Bloßstellung. Wir lassen uns von Mobbingsituationen berieseln und sehen zu, wie Kandidaten vor einem Millionenpublikum verlacht werden. Wir sehen zu, wie sich Menschen weit jenseits ihres beruflichen Zenits in Container oder in den Regenwald sperren lassen und sich der endgültigen Demontage jeglichen Ansehens und Respekts aussetzen. Ist es Ihnen schon einmal aufgefallen? Kurz bevor es den Kandidaten reicht (»Ich bin raus«, »Es ist Zeit für mich zu gehen«) oder es den Zusehern sogar daheim in den sicheren vier Wänden zu viel zu werden droht, kommen von den Juroren oder vom Publikum Lob oder Wertschätzung (»Du hast mich heute positiv überrascht«, »Du warst heute für mich die Beste«, »Du hast die meisten Anrufe bekommen«, »Du hast die meisten Likes erhalten«) – und die Show geht weiter.

Ab dem Moment, wo wir zur Schule gehen, wird mit Rot markiert, was falsch ist. Für das Positive gibt es keine farbliche Entsprechung. Was richtig und gut gemacht wurde, bleibt unbeachtet – wie die 14 Top Drei-Kennzahlen meines Coachees. Es ist die Farbe Rot, der das Los zuteil wurde, jeweils mit Ausrufezeichen für »stopp«, »falsch« oder »Achtung« zu stehen. Ein rotes Kleid muss absolut perfekt sitzen, heißt es in eingeweihten Kreisen, denn es zieht alle Blicke auf sich. Das ist natürlich nicht mein Fachgebiet, aber ich meine, dass es auch bei einem blauen oder grünen Kleid nicht schadet, wenn es gut sitzt. Aber sehen Sie, was diese Farbe mit uns macht?

Ein Kompliment an ein Gegenüber wird in den meisten Fällen mit einem abschwächenden, relativierenden Hinweis quittiert. Wenn Sie zum Beispiel zu jemandem sagen: »Das haben Sie echt gut gemacht, Herr Kollege!«, dann hören Sie: »Aber nein, das ist doch mein Job!« Wenn Sie zu einer Frau sagen: »Du siehst toll aus heute!«, hören Sie: »Nicht doch, ich bin überhaupt nicht geschminkt!« Wenn Sie sagen: »Das Kleid steht dir ausgezeichnet!«, hören Sie: »Rot, ich weiß, sehr gewagt …« Wenn Sie zu jemandem sagen: »Ich bedanke mich, dass Sie das für mich gemacht haben!«, hören Sie: »Das ist doch nicht der Rede wert!« Wenn Sie zu einem Mann sagen: »Wunderschöner Wagen!«, hören Sie: »Unvernünftig viele PS, ich weiß …« Ich gehöre noch zu jenen Menschen der alten Schule, die anderen gern ein Kompliment machen: »Gut siehst du aus!«, »Tolles Kleid – steht dir hervorragend!« oder »Super gemacht! Ich bin beeindruckt!«, »Tolle Vorgangsweise,

Kompliment!«, um nur ein paar Beispiele zu nennen. Nur äußerst selten ist die Reaktion ein »Vielen Dank, das freut mich sehr!« Viel öfter hingegen kommt Folgendes: »Aber nein, ich muss doch dringend zum Friseur!«, »Das Kleid ist doch ein uraltes Ding!«, »Ohne die Unterstützung der Kollegen hätte ich das nicht geschafft!« und so weiter. Die Aufzählung ließe sich nahezu endlos weiterführen.

Wir sind dermaßen auf Negatives konditioniert, dass wir das Positive überhaupt nicht mehr sehen – nicht bei uns und nicht bei anderen. Wir sehen das Negative zuerst – die Signalfarbe Rot, das personifizierte Falsch. Unsere Antennen für das Negative sind so fein justiert, dass wir etwas orten, wo es nichts zu orten gibt, und das geht so weit, dass wir (vermeintlich) Negatives sofort auf uns beziehen. Wenn Sie, einmal angenommen, zu Ihrem Gegenüber sagen: »Es war ein anstrengender Tag heute, aber das gemeinsame Abendessen macht das mehr als wett, danke, dass du mich überredet hast, noch ein wenig auszugehen!«, hören Sie nicht selten etwas wie: »Wir hätten zu Hause essen sollen, das wäre entspannter für dich gewesen!« Wenn Sie sich bei Ihrem Reisebüro für die unkomplizierte Umbuchung Ihres Fluges bedanken, hören Sie vielleicht etwas wie: »Es tut mir leid, dass wir unter den gegebenen Umständen nicht den gesamten Rechnungsbetrag erstatten konnten!«

Achten Sie darauf! Wenn zu Ihnen jemand sagt: »Vielen Dank für die Unterstützung!«, und Sie darauf antworten: »Mehr konnte ich leider nicht für Sie tun!«, stellen Sie sich bitte die Frage, wie Ihre abschwächende Antwort bei Ihrem Gegenüber ankommt! Sie wirkt entwertend und Ihr Gegenüber hat im schlimmsten Fall das Gefühl, Sie hätten ihm das Wort im Mund umgedreht.

Während der Text für dieses Buch entsteht, ist die Welt von einer Pandemie betroffen. Viele Länder haben Ausgangsbeschränkungen erlassen, manche Regionen befinden sich quarantänebedingt in der totalen Isolation, der weltweite Flugbetrieb ist fast gänzlich zum Erliegen gekommen. Kindergärten, Schulen, Restaurants und Geschäfte sind geschlossen, viele verlieren ihre Arbeitsplätze oder befinden sich in der Kurzarbeit. Die Menschen verfolgen während dieses »Notbetriebs« gebannt die diesbezügliche Berichterstattung. Und auch hier fällt mir auf, dass sich diese vorwiegend auf das Verheerende, Apokalyptische und das Angsteinflößende der Pandemie konzentriert.

Meldungen über Todes- und Infektionsraten, explodierende Arbeitslosenzahlen und gesundheitliche Auswirkungen der Lockdowns auf Körper und Psyche der Menschen dominieren die Nachrichten. Weshalb wird uns nicht – im Sinne einer ausgewogenen Gewichtung – auch das Positive, Ermutigende, Motivierende präsentiert? Denn das gibt es! Es gibt Länder, in denen greifen die dort getroffenen Maßnahmen, und diese Tatsache würde den Menschen Mut machen und die Einschränkungen würden etwas erträglicher erscheinen. Wir orientieren uns jedoch an jenen Ländern, in denen es aktuell am schlimmsten ist, und nicht an jenen, in denen sich die Entwicklung klar positiv darstellt. Hören wir in Ausnahmefällen doch einmal positive Meldungen zur Pandemie, kommen diese zumeist verknüpft mit einer Warnung und einem Dämpfer des Weges: Wir dürften uns nicht zur Unvorsichtigkeit verleiten lassen, heißt es dann, oder: Die kulturellen Gegebenheiten, Einwohnerzahlen, klimatische oder sonstige Bedingungen ließen sich überhaupt nicht vergleichen mit den unseren, und so weiter. Jeder positiven Meldung wird mit einem negativen oder abschwächenden Beisatz ihre positive und ermutigende Wirkung genommen.

Egal, um welchen Lebensbereich es sich handelt, ich stelle immer wieder fest, wie sehr wir auf das Negative konditioniert sind.

In ihrer Sendereihe *Liebesg'schichten und Heiratssachen* lud die mittlerweile verstorbene Journalistin Elisabeth T. Spira Menschen zur Partnersuche vor der Kamera. Die Kandidaten präsentierten sich in ihrem privaten Umfeld und zeigten sich im Interview sehr ehrlich und offen mit ihren Schwächen und Eigenheiten – dank Elisabeth T. Spiras Feingefühl für das richtige Setting und die richtigen Fragen gab es keine Bloßstellung, nur ungefilterte Ehrlichkeit. Das machte auch den großen Erfolg ihrer Sendungen aus. Wenn die Teilnehmer danach gefragt wurden, wie der gesuchte perfekte Mensch an ihrer Seite denn sein solle, passierte regelmäßig etwas Spannendes: Die Kandidaten hatten enorme Mühe, die schönen Eigenschaften des potenziellen Partners (wer sucht schon einen Partner mit negativen Attributen?) in Worte zu fassen. Wie er *nicht* sein soll, was er *nicht* darf, was er *nicht* erwarten darf – das wussten alle genau, da sprudelten die Sätze nur so aus ihnen heraus, häufig verbunden mit Geschichten über negative Erfahrungen mit Partnern in der Vergangenheit. Das Negative können wir sofort abrufen. Das Positive – und letztlich vorrangig Wichtige insbesondere in einer erfüllenden Partnerschaft – zu benennen, gestaltete sich in den Beiträgen deutlich sperriger. Die Kandidaten rangen nach den passenden Formulierungen, so, als würden sie etwas Unerhörtes einfordern, etwas, das ihnen nicht zusteht, sie nicht kennen oder in Worte fassen können. Dasselbe Stocken ist wahrzunehmen, wenn es darum ging, den

Sehern zu vermitteln, was *sie selbst* an Gutem und Schönem in eine Partnerschaft einbringen würden – das Positive abzurufen und hervorzuheben, fällt den meisten von uns unendlich schwer.

Wenn ich meine Kunden am Beginn von Meetings oder beim Start eines Coaching-Prozesses frage, was denn bei den Gesprächen oder beim Coaching das ideale Endresultat sein und wie die Situation nach Beendigung unserer Zusammenarbeit aussehen sollte, herrscht zumeist ratlose Stille, und angestrengtes Nachdenken folgt. Wenn ich aber frage, was *auf keinen Fall* passieren beziehungsweise was *nicht* das Resultat unserer Zusammenarbeit sein dürfe, dann geht es Schlag auf Schlag.

Frage ich in Mediationen oder Coachings, was mein Kunde an seinem Partner, seinem Mitarbeiter oder seiner Führungskraft besonders schätzt, zeigt sich mir das gleiche Bild: intensives Nachdenken und im besten Fall ein paar mühsam herausgepresste Floskeln. »Er ist eigentlich ganz nett«, »Ich kann mich immer melden, wenn ich etwas brauche«, »Er ist immer pünktlich und korrekt«. Wenn ich danach frage, was mein Kunde an seiner Führungskraft *weniger* schätzt, ist die Schlagzahl bei den Antworten eine um vieles höhere. Völlig anders als das Positive scheint das Negative eine extrem ergiebige Quelle. Es ist für mich jedes Mal aufs Neue erstaunlich, wie stark sich besonders in solchen Momenten unsere intensive Prägung auf das Negative offenbart.

Egal ob Führungskräfte, Mitarbeiter, Großeltern, Eltern, Lehrer, Erziehungsberechtigte oder Partnersuchende – wir sind auf das Negative, das Falsche gepolt. Selbst, wenn das Positive und das Richtige überwiegt – wir übersehen es und wissen nichts daraus zu machen, geschweige, uns darüber zu freuen. Ich möchte Ihren Blick dafür schärfen, was dieses Mangeldenken mit uns anstellt und Ihnen zeigen, wie viel Leichtigkeit in unser Leben kommt, wenn es uns gelingt, den imaginären Rotstift beiseitezulegen. Mein Wunsch ist es, Ihnen mit diesem Buch Denkanstöße für ein leichtfüßigeres und wertschätzenderes Miteinander zu liefern und Ihnen ein paar sofort umsetzbare Handlungsweisen und Werkzeuge in die Hand zu geben, deren Wirkung Sie verblüffen wird. Auf den folgenden Seiten finden sich viele Beispiele und Erzählungen aus meinem beruflichen wie auch privaten Alltag. Einige Geschichten sind darunter, die mich und meinen Umgang mit anderen nachhaltig geprägt haben. Beinahe täglich macht es mich demütig und dankbar zu sehen, wie auf meinen Input hin bereits eine leichte Kurskorrektur im Verhalten eine sofortige Verbesserung im Miteinander bewirkt, sei es in der Führungsarbeit, im Berufsleben, bei erzieherischen Fragen oder in der Partnerschaft. Mit Lob, Anerkennung und Wertschätzung – in diesen dreien findet das Positive seinen Ausdruck – haben wir völlig unterbewertete Instrumente in der Hand, die wir viel zu wenig nutzen, wenn es darum geht, uns gegenseitig zu motivieren. Sie stehen jedem von uns unbegrenzt zur Verfügung, sie kosten nichts, für sie brauchen wir kein Budget zu beantragen (eine sehr beliebte Ausflucht im Berufsleben), und sie entfalten ihre positive Wirkungsweise unverzüglich. Es ist so leicht und es tut so gut, sie anzuwenden – das möchte ich gern ins Bewusstsein rücken. Ich möchte, dass Sie lernen, das Positive zu fokussieren und das Richtige zuerst zu sehen – und danach erst das Negative, das Falsche. Ich möchte, dass Grün – bildlich gesprochen – Ihre neue Signalfarbe wird.

Wir alle kennen eine Ariane – Prolog

»Wir glauben, Erfahrungen zu machen.
Aber die Erfahrungen machen uns.«
Eugène Ionesco, französisch-rumänischer
Autor und Dramatiker, 1909 – 1994

❞ Einer meiner Söhne hatte eine Klassenkameradin, ihr Name ist Ariane. Schon in der Volksschule tat sie sich als überaus begabtes Kind hervor – egal in welchem Unterrichtsfach, den Lernstoff machte sie sich spielerisch zu eigen. Sie war talentiert und lerneifrig und nur in seltenen Fällen gab es eine andere Note als ein »Sehr gut«. Zumeist war auch das »Sehr gut« kein gewöhnliches »Sehr gut«, sondern eine Römische Eins, immer hochverdient, denn Ariane hatte große Freude am Lernen. Gab es bei einer Klassenarbeit die maximale Punktezahl von zehn – Ariane hatte elf.

Unser Sohn kam eines Tages von der Schule nach Hause. Obwohl es gute Nachrichten aus der Bildungsstätte zu berichten gab, schien er etwas verhalten. Es hatte ein Diktat gegeben, auf das er mit »gut« benotet worden war. Von zehn Wörtern hatte er neun richtig geschrieben, nur eines falsch, und zwar das Wort »immer«, bei dem er ein »m« vergessen hatte.

Neun von zehn Wörtern richtig geschrieben, und nur eines davon falsch – dafür hätte er sich ein kräftiges Lob und die Würdigung seiner guten Leistung verdient, aber stattdessen hatte er von der Lehrerin eine Sonderaufgabe mit nach Hause bekommen. Er musste »immer« dreißigmal schreiben, drei weitere Wörter mit Doppel-m suchen und diese jeweils zehnmal schreiben. Dabei hatte es wesentlich schwierigere Wörter zum Diktat gegeben als das eine, das er falsch geschrieben hatte: das Wort »vielleicht« beispielsweise, ein Wort mit »v«, »ie«, Doppel-l und gleich zwei Zwielauten!

Im Diktat selbst war das fehlende »m« kräftig in Rot markiert, während die neun richtig geschriebenen neben dem einen in Signalfarbe gekennzeichneten Wort natürlich gänzlich verblassten – dieses Bild hat sich mir zutiefst eingeprägt.

Ariane hatte übrigens zehn von zehn Wörtern richtig geschrieben. Warum ich das erwähne? Nun. Unser Sohn war damals doppelt gefordert, denn für mich war das Abschneiden von High-Performerin Ariane bei Leistungstests die Benchmark, an der es sich zumindest zu orientieren galt.

Das sah dann beispielsweise so aus:

»Papa, ich habe eine Eins!«

»Sehr gut! Was hat denn die Ariane?«

In meinen Vorträgen schreien die Zuhörer an dieser Stelle meistens laut auf und lachen herzhaft – so gut wie jeder erkennt sich in irgendeiner Form wieder: Entweder in dem Bild mit den rot markierten Fehlern oder sie kennen jemanden, der zwar nicht Ariane heißt, aber trotzdem an die eher aussichtslose Hürde aus früheren Schultagen erinnert, die es performancemäßig zu überwinden galt, wenn man die Eltern stolz machen wollte.

Ist das nicht verrückt? Es muss völlig egal sein, welche Note Ariane hat, eine Eins ist die beste Note – das muss gewürdigt werden und verdient Lob und Anerkennung!

Wenn ich die Geschichte in meinen Vorträgen erzähle, frage ich an dieser Stelle gern die Zuhörer, ob sie sich vorstellen können, welche Frage der Papa in der Geschichte (also ich) ihrer Ansicht nach als nächstes stellt. Die Auflösung aus den Reihen der Teilnehmer kommt immer prompt:

»Wie viele ›Sehr gut‹ gab es denn?«

Ich habe in der Tat danach gefragt, wie viele »Sehr gut« es gegeben hatte, und wenn ich daran denke, ärgere ich mich heute maßlos über mich selbst. Denn es muss nicht nur egal sein, welche Note eine Ariane hat, es muss auch völlig egal sein, wie viele Einser es insgesamt gegeben hat. Eine Eins ist die beste Note und sie ist nicht weniger wert, wenn es mehrere Einser in der Klasse gibt!

Ist es nicht ein Irrsinn, was wir mit unserem Fokus auf das Falsche, das Negative, das rot Markierte schon unseren Kindern zumuten? Ich stehe nicht an zuzugeben, dass ich eine ganze Weile in dieser Ecke zu Hause war und das ist auch einer der Gründe, weshalb Sie dieses Buch heute in Händen halten. Die Geschichte von Ariane war für mich einer der wesentlichen Ausgangspunkte dafür, unseren Fokus auf das Negative genau unter die Lupe zu nehmen, selbst zu erkennen und aufzuzeigen, wie sehr er den allerkleinsten Dingen des Lebens innewohnt.

Ich kann mir lebhaft vorstellen, dass der eine oder andere Leser von sich sagen wird, dass auch er früher so gehandelt und gedacht hat oder vielleicht sogar heute noch das eine falsche zuerst oder sogar *anstatt* der neun richtigen Wörter sieht.

Wann auch immer ich die Geschichte von Ariane in meinen Vorträgen erzähle, kommen jedes Mal starke Reaktionen aus dem Publikum – die Erzählung lässt kaum jemanden unberührt. Oft höre ich: »Wir haben auch eine Ariane, nur bei uns heißt sie Maximilian«, oder die Zuhörer bringen ihre

Bestürzung zum Ausdruck und nehmen sich vor: »Ich frage meine Tochter nie wieder nach den Noten der anderen!«

Was das zuvor beschriebene Verhalten mit unseren Kindern macht? Ich erzähle Ihnen, wie bei uns daheim die Geschichte weiterging:

❞ Wieder einmal kam unser Sohn von der Schule nach Hause und wir waren schon gespannt, denn die Kinder sollten an dem Tag die Mathematikschularbeit zurückbekommen. Die Haustür war kaum ins Schloss gefallen und die Schultasche abgestellt, schallte uns vom Flur schon das Ergebnis entgegen: »Ich habe ein ›Befriedigend‹, und Paps, bevor du fragst: Die Ariane hat auch nur ein ›Gut‹!«

Kinder können Erwachsenen ganz schön die Decke wegziehen.

Mein Sohn berichtete überdies, dass er ein Beispiel richtig gerechnet hatte, welches Ariane nicht hatte lösen können. Mein Verhalten, seine Leistungen dahingehend abzuklopfen, ob es nicht auch noch ein wenig besser (am besten besser als Ariane) gegangen wäre, hatte also dazu geführt, dass er sich über Ariane rechtfertigte (wozu überdies bei einem »Befriedigend« überhaupt keine Notwendigkeit bestand).

Die Schularbeit war offenbar sehr fordernd gewesen, denn unser Sohn präsentierte uns (bevor ich ihn danach fragen konnte) neben seiner Arbeit auch gleich die Klassenergebnisse dazu: Es hatte viele »Nicht genügend« gegeben, sodass kurze Zeit sogar eine Wiederholung der Arbeit im Raum gestanden war, sehr viele »Genügend«, nur eine Handvoll »Befriedigend«, lediglich ein »Gut« von Ariane und kein einziges »Sehr gut«. Das »Befriedigend« unseres Sohnes war angesichts des Schwierigkeitsgrades des Geforderten ein sehr beachtliches und – eben! –

zufriedenstellendes Resultat gewesen, aber mein Lob kam nicht mehr ungefiltert bei ihm an, das habe ich gespürt.

Die Geschichte geht noch weiter.

Unser Sohn ist mittlerweile Mitte dreißig, in einer Geschäftsführerposition in der österreichischen Handelslandschaft tätig und hat selbst Familie. Er rief mich vor rund einem Jahr an, um mir zu erzählen, dass bei ihm ein nächster Karriereschritt bevorstünde: Er würde ab kommendem Monat die Geschäftsleitung einer Handelskette im Nahrungsmittelbereich übernehmen, bekäme einen Firmenwagen und ein noch attraktiveres Gehalt und sei sehr motiviert, denn die Beförderung wäre genau zum richtigen Zeitpunkt gekommen.

Ich darf an dieser Stelle gleich vorwegnehmen, dass es im Leben mit der bloßen Einsicht, etwas nicht ganz richtig gemacht zu haben und mit der konsequenten Umsetzung der Entscheidung, es ab da besser zu machen, nicht immer getan ist. Oft holt uns nämlich noch viele Jahre später die Erkenntnis ein, welche Spuren wir mit unserem Verhalten bei anderen hinterlassen haben, wie auch in diesem Fall. Denn mein Sohn fügte folgenden Satz hinzu:

»Und Paps, bevor du fragst: Ich weiß nicht, wie viel Ariane verdient, und ob sie ebenfalls einen Firmenwagen hat, und ob und wie viele Mitarbeiter sie führt, das weiß ich auch nicht!«

Ich habe schon erwähnt, dass sich mir das Bild des einen, im Diktat falsch geschriebenen und rot markierten Wortes zutiefst eingeprägt hat. Nicht zufällig ist diese Geschichte auch titelgebend.

Der Gedanke, die neun richtig geschriebenen Wörter grün zu markieren oder sie zumindest positiv zu kommentieren, ist der Lehrerin vermutlich gar nicht in den Sinn gekommen. Ich persönlich achte seit jenen Tagen rigoros drauf, nur in Blau zu schreiben, ausschließlich das Positive zu markieren und anzumerken und mein Umfeld mit diesem eher ungewöhnlichen Verhalten »anzustecken«. Sobald ich sehe, dass jemand mit Rot schreibt oder etwas rot markiert, spreche ich ihn darauf an und weise darauf hin, dass er sich mit der roten Farbe seitenweise selbst darauf hinweist, etwas falsch gemacht zu haben, etwas korrigieren, etwas besser machen zu müssen. Ich darf Ihnen sagen, dass wirklich jeder sofort versteht, was ich damit meine. Denn die meisten haben gelernt, dass es im Leben darum geht, möglichst wenige Fehler zu machen, und dieses Verständnis wird früh gefördert, indem Fehler traditionell in Rot markiert werden. Auf ihnen liegt das Augenmerk – nicht auf dem, was *richtig* gemacht wurde.

Stellen Sie sich kurz vor, Sie befinden sich in einem Meeting, Sie schreiben die wichtigsten Sachen mit und Ihr blauer Kugelschreiber gibt plötzlich den Geist auf. Sie borgen sich einen roten Kugelschreiber und schreiben eine Weile mit diesem mit. Nach einer kurzen Pause geht die Besprechung weiter, aber der rote Kugelschreiber ist weg, denn den hat ein Kollege ausgeborgt. Sie borgen sich also einen neuen Stift, der ist diesmal schwarz, und Sie schreiben weiter mit. Visualisieren Sie bitte nun Ihre Mitschrift aus dieser Besprechung. Sie haben nur die allerwichtigsten Sachen zu Papier gebracht, aber welche Dinge werden Ihnen als Erste ins Auge fallen, wenn Sie die Mitschrift am nächsten Tag zur Hand nehmen? Blau, rot oder schwarz? Möglicherweise waren es To-dos – auf welche Farbe fällt Ihr Blick zuerst und welche Aufgaben werden Sie deshalb möglicherweise sofort in Angriff nehmen? Sehen Sie, was die Farbe Rot mit uns macht?

Ich habe die Schulergebnisse meines Sohnes mit meiner Orientierung an der Klassenbesten unabsichtlich abgewertet und dem Positiven, dem Richtigen weniger Beachtung geschenkt als den rot markierten Stellen. Jahrzehnte später ist mir während des Telefonats mit meinem Sohn ein weiteres Mal intensiv ins Bewusstsein gerückt worden, wie konsequent wir alle darauf achten, was vermeintlich *nicht* passt und welche Spuren diese Prägung hinterlassen kann.

Ich erzähle die Geschichte von Ariane häufig in meinen Vorträgen und bitte zum Schluss das Publikum, die Hand zu heben – Sie sind jetzt eingeladen, mitzumachen! –, wer ebenfalls eine Ariane kennt. Und ich kann Ihnen sagen: *Jeder* kennt eine Ariane – auch wenn sie Emma oder Maximilian heißt!

Woher kommt unser Fokus auf das Negative?

WEIL WIR ES VON KLEIN AUF GELERNT HABEN

Wie soll ein Volksschulkind auf die Idee kommen, sich über neun richtig geschriebene Wörter zu freuen, wenn ihm nur das eine falsche, das rot markierte Wort in die Augen springt? Anstatt neunmal die Farbe Grün zu benutzen, setzt die Lehrerin einmal Rot ein – und eine »Strafaufgabe« gibt es obendrein (denn wie soll ein Volksschüler das als »Vertiefungsübung« sehen können?). Auch wenn in den vergangenen Jahren viel darüber diskutiert und geschrieben wurde, dass wir uns darauf konzentrieren sollten, die Talente unserer Kinder zu fördern, und nicht ausschließlich auf die Schwächen zu blicken, hat sich in der gelebten Praxis dahingehend nicht sehr viel bewegt. Von klein auf werden wir durch das rote Kennzeichnen darauf hingewiesen, was falsch ist. Das Augenmerk liegt auf jenen Aspekten, die es zu korrigieren und zu verbessern gilt – nicht auf Stärken und auf Talenten. Wir haben gelernt, dass es im Leben darum geht, das Negative auszumerzen, besser werden zu müssen und so wenige Fehler wie möglich zu machen. Der Preis, den wir dafür bezahlt haben, ist der, dass wir für die positiven Dinge keinen Blick und kein Sensorium mehr haben. Wir kennen es nicht anders, wir sind daran gewöhnt: Gewohnheiten sind vergleichbar mit ausgetretenen Wegen in einem großen Garten – wir nehmen den bereits bekannten, sichtbaren Weg und nicht zuallererst den unbekannten durch dichtes Gestrüpp.

Unser Gehirn ist evolutionsbedingt darauf ausgerichtet, uns vor Gefahren zu schützen. Das bedeutet, dass wir sehr achtsam für Negatives in unserem Leben sind und sehr schnell auf gefährliche Situationen reagieren. Das ist zunächst einmal nicht schlimm, sondern sichert unser Überleben.

Wenn Sie mit Ihrer Hand eine heiße Herdplatte berühren, ziehen Sie Ihre Hand automatisch zurück. Sinnes- und Nervenzellen nehmen den Schmerz wahr und leiten ihn weiter, wir empfinden Schmerz, und aus unserer Empfindung »heiß!« wird die Reaktion »Hand wegziehen!«. Synapsen – vom griechischen Wort *synapsis* (Verbindung) abgeleitet – sind die Verbindungsstellen zwischen Nervenzellen, zwischen Nerven- und Sinneszellen oder zwischen Nervenzellen und Muskelfasern, und diese Verbindungen brauchen wir, damit solche wichtigen Informationen wie in obigem Fall schnellstmöglich übertragen werden und Informationen sowie Impulse weitergeleitet werden, um beispielsweise »heiß!« augenblicklich zu erkennen und die Hand mithilfe der Muskelfasern auf der Stelle wegziehen zu können.

Verhaltensmuster setzen sich durch ihre permanente Wiederholung fest und hinterlassen an diesen Stellen verdickte Synapsenstränge. Unter Druck oder in Stresssituationen reagieren diese Stellen durch ihre stärkere Ausformung schneller als die anderen, die weniger benutzten, und so wiederholen wir uns in diesem gelernten Verhalten – wir benutzen den bequemeren, bekannten, fein ausgetretenen Weg durch den Garten.

Unsere persönliche Wertewelt wird von tief in uns eingeprägten Parametern gesteuert: von unserem Umgang mit richtig oder falsch, von dem Stellenwert, dem wir positiv oder negativ beimessen und von unserer Gewichtung von »Grün« und »Rot«. Je nachdem, welchen Rang richtig und falsch in unserer Kindheit hatten und welche Reaktionen und Verhaltensweisen uns von unseren Bezugspersonen und unserem Umfeld von klein auf vorgelebt wurden – die Summe unserer Erfahrungen ist das Fundament für unsere eigene Priorisierung von gut oder schlecht, richtig oder falsch, »Grün« oder »Rot«.

DER SOZIALE VERGLEICH PRÄGT UNSERE VERHALTENSMUSTER

Viele unserer Verhaltensmuster sind durch Erwartungshaltungen geprägt. Wir verhalten uns schon von Kindheit an so, wie wir denken, es könnte den Bezugspersonen gefallen – sei es der Mutter, dem Vater, der Kindergärtnerin oder dem Handarbeitslehrer. Der soziale Vergleich spielt dabei eine immens große Rolle.

Bei der Erstkommunion sind viele Eltern darauf erpicht, dass ihr Kind das hübscheste ist – welches der Kinder sich bei der Erstkommunionvorbereitung am interessiertesten und präsentesten hervorgetan hat, ist den meisten Eltern weniger wichtig, es gibt so viele andere, nach außen gerichtete Dinge zu organisieren und vorzubereiten. Die Hochsteckfrisuren vieler Erstkommunionmädchen lassen manche erwachsene Braut erblassen – eine außergegenständliche Wertung dominiert das Geschehen, eine optische nämlich, und es geht maximal am Rande um ein gemeinsames Erleben dieser schönen und bedeutsamen Feier. Schon während Firmungen und Erstkommunionfeiern wird unter den Eltern hinter vorgehaltener Hand über jene gesprochen, die »ein ausgeborgtes Kleid« und »keine ordentliche Frisur« haben. *Sei hübsch, sei perfekt, sei brav, bringe keine Flecken an das teure Outfit und mache keine Fehler beim Vorlesen in der Kirche* – das ist es, was die meisten Kinder aus diesen Events mitnehmen (neben ein paar Geschenken und später hoffentlich dem angenehmen Gefühl, dass alles fehlerlos über die Bühne gegangen ist).

Der Sportlehrer sagt zum jüngeren Bruder: »Die Sportsachen zu Hause vergessen … *das* hätte es bei deinem älteren Bruder nicht gegeben!« Er sagt nicht: »Schön, dich in meiner Klasse zu haben – dieses Jahr haben wir endlich einen Fußballer in der Mannschaft, mit dem wir die Fußballmeisterschaft der Schule gewinnen können.« Er sagt auch nicht: »*Dein Bruder* konnte nicht Fußball spielen, schön dass wir jetzt *dich* in der Klasse haben – und bitte vergiss die Sportsachen nicht mehr, damit du immer mitmachen kannst!« Nein, er sagt: »Die Sportsachen zu Hause vergessen … *das* hätte es bei deinem älteren Bruder nicht gegeben!« – Anstatt auf Motivation setzt er auf eine herabwürdigende, fehleraufzeigende und damit sehr effiziente Methode, um den jüngeren Bruder dazu zu bringen, die Sportsachen nicht mehr zu vergessen. *Mein älterer Bruder ist einfach so viel besser als ich, dem passieren solche Fehler nicht* – das ist es, was der jüngere so von klein auf lernt.

Vielleicht findet sich auch der eine oder andere Leser in einem der beiden Beispiele wieder. In meinen Seminaren und Vorträgen erzählen die Teilnehmer regelmäßig von ähnlich gelagerten Erlebnissen. Woran erinnern Sie sich zuerst, wenn Sie an Ihre Tanzschulzeit, Ihre Hochzeit, den letzten Urlaub oder die letzte Firmen-Weihnachtsfeier denken? Zumeist sind es die Fehler, die Ausrutscher, die negativen Aspekte, die wir in Sekundenbruchteilen abrufen können, oder Situationen, in denen wir (oder andere) im sozialen Vergleich (vermeintlich) schlechter abgeschnitten haben.

Zum sozialen Vergleich gehört auch der Vergleich mit den Eltern: »Du bist wie dein Vater.« Was uns als kleine Kinder noch entzückt, kann später zur Beleidigung oder zur Bedrohung werden. Oder als Entschuldigung herhalten: »Stimmt. Ich trinke ab zu ein Glas Wein zu viel. Mein Vater hat das auch gemacht!«, »Stimmt. Mir rutscht hin und wieder die Hand aus. Ich bin selbst auch geschlagen worden!«, »Meine Mutter hatte einen Putzfimmel, den habe ich offensichtlich von ihr übernommen!« Solche Sätze hören wir regelmäßig, aber kaum jemand kommt auf die Idee, zu artikulieren, was er Gutes von seinen Eltern mitbekommen hat. Wie oft haben Sie schon jemanden sagen gehört: »Ich bin ein fleißiger Mensch, das habe ich von meinem Vater gelernt«, »Ich bin ein guter Sportler, denn meine Mutter war auch vielseitig sportlich begabt«, »Ich bin sehr ordnungsliebend, das habe ich von meiner Mutter übernommen« oder »Ich kann Rückschläge gut wegstecken, das haben mir meine Eltern beigebracht«.

Schreiben Sie ganz spontan Eigenschaften auf, die Sie von Ihren Eltern vermeintlich geerbt haben – links die negativen, rechts die positiven. Darf ich raten, welche Spalte länger ist? Und darf ich fragen, bei wie vielen Begriffen in der Spalte mit den positiven Eigenschaften Sie in Gedanken ein »Eigentlich« oder »Durchaus« hinzugefügt haben, weil Sie sich zwar schon »durchaus mutig« oder »eigentlich ganz klug« finden, sich aber schwergetan haben, sich selbst das Attribut »mutig« oder »klug« zuzuordnen?

Für den sozialen Vergleich ziehen wir in der Regel die Kategorie »Negativ« heran. Wir blicken auf die Dinge, die vermeintlich *nicht* der allgemeinen Erwartungshaltung – und damit auch nicht der unseren – entsprechen. Wir haben es so gelernt und dieses Verhaltensmuster ist aufgrund der intensiven Prägung so stark in uns verankert, dass es sich nicht so ohne Weiteres ablegen lässt. Wir praktizieren diese Projektion auf das Falsche und das Negative so lange und so intensiv, dass wir als Erwachsene mit Lob und Anerkennung überhaupt nicht mehr umgehen können. In meinen Seminaren orte ich auf diese Aussage hin gelegentlich den einen oder anderen skeptischen Blick, denn wer steht schon gern dazu, *zuerst* auf das Negative zu blicken und auf das, was seiner Ansicht nach *nicht* der allgemeinen Erwartungshaltung entspricht? Ich trete dann mithilfe einer kleinen Übung den Beweis für meine These an:

EINE KURZE GEDANKLICHE ÜBUNG ZUM BEWEIS

Stellen Sie sich vor, Ihr Vorgesetzter bittet Sie in sein Büro. Sie wissen nicht genau worum es geht, der Assistent Ihres Chefs hat Ihnen nicht sagen können, was der Grund für den kurzfristig einberufenen Termin ist und Sie gehen daher davon aus, dass von Ihnen nichts Spezielles dafür vorzubereiten ist. Sie nehmen etwas zum Schreiben und Ihr Notizbuch mit und begeben sich zum Termin.

Der Grund für das kurzfristige Treffen überrascht Sie sehr, denn Ihr Vorgesetzter entschuldigt sich für die kurze Arbeitsunterbrechung, aber es war ihm ein großes Anliegen, sich bei Ihnen für Ihren Einsatz bei einem bestimmten Projekt zu bedanken. Er sagt Ihnen, Sie hätten das super gemacht und eine sensationelle Leistung gezeigt.

Lassen Sie diese Situation bitte kurz auf sich wirken und stellen Sie sich vor, wie Sie reagieren werden.

Ich nehme an, Sie werden sich bedanken und die meisten von Ihnen werden etwas in der Art hinzufügen: »Danke. Aber das war ich nicht allein« oder »Danke. Das hätten Sie aber auch ohne mich hinbekommen«.

Die Übung besteht aus zwei Teilen.

Stellen Sie sich bitte ein weiteres Mal vor, Ihr Vorgesetzter bittet Sie in sein Büro. Sie wissen nicht genau worum es geht, der Assistent Ihres Chefs hat Ihnen nicht sagen können, was der Grund für den kurzfristig einberufenen Termin ist und Sie gehen daher davon aus, dass von Ihnen nichts Spezielles dafür vorzubereiten ist. Sie nehmen etwas zum Schreiben und Ihr Notizbuch mit und begeben sich zum Termin.

Der Grund für das Treffen ist leider kein angenehmer. Ihr Vorgesetzter konfrontiert Sie mit einem Fehler, den Sie gemacht haben und der leider sehr kostspielig für das Unternehmen werden kann.

Lassen Sie auch diese Situation bitte kurz auf sich wirken und stellen Sie sich vor, wie Sie reagieren werden.

Ich nehme an, Sie werden den Fehler zur Kenntnis nehmen, sich vielleicht bestürzt zeigen, sich entschuldigen und versichern, für sofortige Abhilfe zu sorgen. Eines aber werden Sie ganz gewiss *nicht* machen – Sie werden mit Sicherheit *nicht* sagen: »Das war ich nicht allein, das hat das ganze Team vergeigt« oder gar: »Sie bauen selbst auch gelegentlich Mist«.

An dieser gedanklichen Übung offenbart sich unsere intensive Prägung auf das Negative besonders deutlich: Verläuft ein Gespräch mit dem Vorgesetzten positiv, dann zählt der Zusammenhalt, denn Positives zu betonen und für sich zu reklamieren, wäre eitel – so haben das die meisten von uns gelernt. Negatives auf andere abzuwälzen ist hingegen *noch* strenger verpönt und deshalb würde im Normalfall kaum jemand sagen: »Das habe ich nicht allein verbockt, da war das ganze Team beteiligt …«

FAZIT: WIR KENNEN ES NICHT ANDERS

Unsere Verhaltensmuster setzen sich durch ihre permanente Wiederholung fest. Unser Umgang mit richtig oder falsch, der Stellenwert, dem wir positiv oder negativ beimessen und unsere Gewichtung von »Grün« und »Rot« ist erlernt, tief in uns eingeprägt und steuert unsere persönliche Wertewelt. Wir leben und wir führen fort, was wir von klein auf gelernt haben: Wir haben gelernt, dass es im Leben darum geht, auf das Negative zu fokussieren, Falsches auszumerzen, besser werden zu müssen und so wenige Fehler wie möglich zu machen. Der Preis, den wir dafür bezahlen, ist der, dass wir für die positiven Dinge kaum mehr einen Blick und vor allem kein Sensorium mehr haben. Wir kennen es nicht anders, wir sind daran gewöhnt.

Die Gegenspieler eines positiven Miteinanders und wie Sie ihnen mit wirksamen Entstörungsmaßnahmen den Nährboden entziehen

»Auf Veränderung zu hoffen, ohne selbst etwas dafür zu tun, ist wie am Bahnhof zu stehen und auf ein Schiff zu warten.«
Albert Einstein, deutscher Physiker, 1879 – 1955

Das Gegenteil von einem guten Miteinander ist ein Gegeneinander. Weil es nicht für jeden von uns einen eigenen Planeten mit all den bekannten und gewohnten Annehmlichkeiten gibt, sollte es uns allen ein Anliegen sein, möglichst gut miteinander auskommen. Wir Menschen sind soziale Wesen und von dem Moment an, wenn wir auf die Welt kommen, auf andere angewiesen. Nach der Geburt könnten wir allein nicht überleben und wir sind, um uns gesund – sowohl im körperlichen wie auch im psychischen Sinne – entwickeln zu können, auf die Zuwendung anderer Menschen und auf die Lernerfahrungen angewiesen, die uns andere ermöglichen. Dennoch machen wir einander so oft unnötig das Leben schwer. Die zu diesem Zweck ausgerichteten Praktiken unserer auf das Negative und das Falsche gepolten Mitmenschen haben sich mit zunehmender Zivilisation verfeinert. Herabsetzung, Entwürdigung und Gegeneinander finden vorwiegend nicht mehr mithilfe primitiver Formen von Gewalt statt, sondern wurden und werden zunehmend durch subtilere, psychologische Methoden ersetzt, die alle miteinander die Funktion haben, das eigene Selbst zu schützen, es anzuheben und sich damit über andere zu stellen. Neid ist dabei die häufigste Triebfeder vieler solcher Handlungen.

Mir ist es wichtig, Bewusstsein dafür zu schaffen, in wie vielen unserer Lebensbereiche wir durch unseren Fokus auf das Negative mit dem Gegenteil eines guten Miteinanders konfrontiert sind. Ich möchte Ihnen meine eigenen Erfahrungen zur Verfügung stellen und Werkzeuge in die Hand geben, mittels derer Sie sich einfach und gelungen gegen die negative Fokussierung abgrenzen und mit positiv ausgerichteten Verhaltensweisen effizient gegensteuern können. Permanenter Negativität ausgesetzt zu sein, fügt uns Schaden zu. Das Ausmaß des Schadens in Form von Verletzungen ist unterschiedlich hoch: Manchmal sind es kleine Abwertungen in der Gestalt von Unhöflichkeit und Respektlosigkeit, die sich schnell überwinden lassen, aber es gibt auch über Jahre und gar jahrzehntelang andauernd ausgeübte destruktive Handlungen an uns, die auf Dauer unseren Selbstwert zersetzen und uns körperlich und seelisch krank werden lassen. Auch das bewusste Vorenthalten von Lob, Anerkennung oder Wertschätzung kann uns krank machen. Das kann Verbitterung oder Aggression zur Folge haben oder es kann passieren, dass wir eine deutliche Reaktion zeigen und auf diese Weise signalisieren, dass wir mit der Situation unzufrieden sind – wir machen uns unbequem und werden selbst zu Gegenspielern eines guten Miteinanders. Was ich mit dem Sich-Unbequem-Machen meine, zeichne ich für Sie mit einem Bild aus der Kindererziehung nach:

❞ Der Einjährige und der Fünfjährige sitzen auf der Couch im Wohnzimmer. Der Einjährige hat Geburtstag. Mama, Papa, Onkel, Tante, Opa, Oma: Alle sind da und fokussieren sich auf den Einjährigen. »Wie du lieb lachst«, »Du hast heute Geburtstag, schau was ich dir mitgebracht habe«, »Wie groß du schon bist«, alle möglichen liebevollen Wortmeldungen und Komplimente regnen auf den Kleinen herab. Die gesamte Zuwendung konzentriert sich auf den Einjährigen. Der Fünfjährige fühlt sich zu wenig beachtet und sieht sich zum Handeln gezwungen. Er gibt in einem vermeintlich unbeobachteten Augenblick dem Einjährigen einen Stoß, der natürlich schreit und zu weinen beginnt. Im selben Moment gehört dem Fünfjährigen die gesamte Aufmerksamkeit von Mama, Papa, Oma, Opa, Onkel, Tante. Der Fünfjährige musste zwar damit rechnen, dass nicht alle Reaktionen angenehm sein werden, denn die Mama wird ihn in jedem Fall kurz rügen. Aber er folgt einem inneren Antrieb, und jede Aufmerksamkeit ist besser als gar keine Aufmerksamkeit! Der elterliche Tadel geht schnell vorüber, und rasch wird umgeschwenkt auf einen liebevollen Tonfall und es regnet Wertschätzung und auf ihn nieder: »Sei doch nett zu deinem kleinen Bruder«, »Du bist doch schon so groß«, »Du gehst ja schon bald in die Schule«, »Bald hast du Geburtstag und dann bekommst du Geschenke und eine Torte mit Kerzen«, »Auf deiner Torte sind dann schon viele Kerzen« …

Das Sich-Unbequem-Machen ist eine sehr übliche Taktik, zu der nicht nur unsere Kleinsten greifen, denn sie garantiert Aufmerksamkeit für die eigenen Anliegen. Vielleicht kennen Sie die Situation, wenn der Mitarbeiter im für Sie denkbar ungünstigsten Zeitpunkt mit einer Forderung auf Sie zukommt. Aus eigener Erfahrung kann ich sagen, dass Mitarbeiter so gut wie nie mit ihrer Kündigung drohen, wenn das Fahrwasser gerade etwas ruhiger ist und der Vorgesetzte ein paar Tage hat, an denen er ein wenig Luft zum Abarbeiten verschiedener Sachen hat. Sie drohen mit ihrer Kündigung in einem Moment, wo der Vorgesetzte gerade nicht weiß, wo ihm der Kopf steht und welches Projekt er zuerst in Angriff nehmen soll. Ein Partner, der verletzt ist, macht sich auch nicht dann unbequem, wenn beide gerade in Ruhe beim Essen sitzen und gemütlich ihre Beziehung reflektieren oder über den nächsten Sommerurlaub sprechen, sondern er stellt den anderen beispielsweise beim Essen mit Freunden bloß, um seiner Verletzung Ausdruck zu verleihen. Das Sich-Unbequem-Machen ist der erste Schritt, mit dem wir signalisieren, dass uns am und im Miteinander (sei es eine Verhaltensweise, eine Situation, ein falsches Wort am falschen Platz und so weiter) etwas stört oder dass uns daran etwas nicht gefällt. Wenn wir damit nicht weiterkommen, lassen wir uns andere Taktiken einfallen, um die Lage zu unseren Gunsten zu drehen. Wir verfeinern die Methoden oder wir verstärken sie, je nachdem. Und während wir uns noch darüber den Kopf zerbrechen, wie wir das Gegenüber endlich zu einem verträglicheren Verhalten bringen können, sind wir schon längst selbst Teil der Negativspirale, ohne dass es uns überhaupt auffällt.

DAS PERSÖNLICHE WERTEGERÜST – IHR KOMPASS FÜR EIN VERLETZUNGSFREIES NAVIGIEREN IM MITEINANDER

»Wer seine Grenzen kennt, ist schon ein halber Weiser.«
John Galsworthy, englischer Erzähler, Sozialkritiker und Dramatiker, Nobelpreis für Literatur 1932, 1867 – 1933

Permanenter Negativität ausgesetzt zu sein, fügt uns Schaden zu. Wenn wir aus verschiedenen Gründen passiv sind, die Situation über uns ergehen lassen und durchtauchen, lassen wir uns sehenden Auges eine noch tiefere Verletzung zufügen. Wir dürfen nicht zulassen, was uns schadet. Das sagt sich leicht dahin, das ist mir bewusst. Insbesondere, weil wir viele der Widersacher eines guten und wertschätzenden Miteinanders von klein auf kennengelernt haben. Sie gehören dazu, sie sind zur Normalität für uns geworden. Oft ist uns gar nicht bewusst, dass wir den äußeren Umständen nicht einfach ausgeliefert sind, sondern sogar sehr großen Einfluss darauf haben, welchen Verlauf sie nehmen. Wir haben die Wahl: Was lassen wir zu und was nicht? Was lassen wir mit uns machen und was nicht? Und außerdem: Wie und mit welchen Mitteln halten wir dagegen?

Was wir zulassen und was nicht ist natürlich von Person zu Person unterschiedlich. Es gibt Mitarbeiter, die haben kein Problem damit, wenn sie vom Vorgesetzten bloßgestellt oder zum »Abteilungsbutler« degradiert werden, aber es gibt auch Mitarbeiter, die reagieren beim kleinsten Witz schon sehr allergisch (und der muss nicht einmal auf sie bezogen sein, sondern da reicht es schon, wenn es um ein Thema geht, über das sie einfach nicht lachen können, auch wenn der Rest der Kollegenschaft das kann, und zwar sehr herzhaft). Es gibt Mitmenschen, die stört es nicht, wenn man sie auf eine ihrer Schwächen anspricht, aber es gibt auch welche, die sehr frontal und angriffig aus der Deckung kommen, wenn das passiert.

Was wir zulassen und was nicht, das müssen wir klar und deutlich für uns definieren. Dafür brauchen wir in unserer Wertelandschaft und innerhalb unseres Selbstwertgefühls eine genau erkennbar gezogene Linie, und sie gilt es, im Fall einer Grenzverletzung zu verteidigen.

Wie wir uns zur Wehr setzen, ist ebenfalls sehr unterschiedlich und auch dieses Wie ist etwas, das wir fest umrissen für uns abstecken müssen. Man muss die Regeln kennen, wenn man sie brechen will, heißt es. Das ist – umgelegt auf unser Thema – ein sehr nützlicher Gedanke: Wir müssen die zur Verfügung stehenden und für uns infrage kommenden Methoden und Taktiken zur Gegenwehr kennen und mit ihnen vertraut sein. Nur so können wir im Fall einer Grenzverletzung schnell und sicher entscheiden, welche die richtige ist und wie wir wirksam agieren und reagieren können. Das Sich-Unbequem-Machen mag sich im ersten Moment befreiender und richtiger anfühlen, als eine verletzende Situation über sich ergehen zu lassen – aber mit großer Sicherheit wird der Nutzen des Sich-Unbequem-Machens nicht von Dauer sein. Um nicht in einer Endlosschleife an wehrhaftem Aktionismus zu enden, der nichts an der kränkenden oder störenden Situation ändert, müssen wir wissen, wie und mit welchen Methoden wir effizient, gewalt- und aggressionsfrei vorgehen können, um zu einem guten und wertschätzenden Miteinander zu gelangen. Ob eine Gegenwehr nachhaltig erfolgreich ist, hängt vom Wie ab. Wie setzen wir uns sinnvoll zur Wehr – das ist die Königsdisziplin in der wirksamen Verteidigung unserer Werte. Ich werde Ihnen auf den folgenden Seiten anhand einiger Erzählungen und Beispiele zeigen, wie das geht.

» Ein Architektenteam kam zu einem Meeting bei einem Immobilienverwalter, der bei den Architekten eine Planung in Auftrag gegeben hatte. Die Tochter des Immobilienverwalters arbeitet in diesem Unternehmen als Prokuristin. Die Architekten hatten mit der Prokuristin ein paar Dinge vorbesprochen, wobei es offensichtlich zu einem Missverständnis gekommen war. Worum es im Detail ging, ist an dieser Stelle nicht wichtig. Der Immobilienverwalter wollte jedenfalls wissen, wie es zu dieser Fehlinformation gekommen war, worauf die Architekten ihm sagten, dass sie offenbar beim Vorgespräch mit der Prokuristin etwas falsch verstanden haben mussten. Woraufhin der Immobilienverwalter sagte: »Was habe ich da nur für eine Missgeburt in die Welt gesetzt?!« Alle Anwesenden blieben passiv. Die Tochter wehrte sich nicht, die Architekten reagierten ebenfalls nicht (denn die hätten theoretisch sagen können, dass sie in einer Atmosphäre, in der die 52-jährige Tochter des Auftraggebers von selbigem als »Missgeburt« bezeichnet wird, nicht über Aufträge sprechen möchten – aus meiner Sicht, und das möchte ich festhalten, wäre das sogar ihre Pflicht gewesen). »Was habe ich da nur für eine Missgeburt in die Welt gesetzt?!« Der Satz stand im Raum und blieb unkommentiert. Nichts ist passiert – nach außen hin.

Es ist wichtig zu erkennen, wann man etwas im Raum stehen lassen kann und wann eine sofortige Reaktion angebracht ist. Es wird Menschen geben, die eine Beleidigung tatsächlich nicht kränkt, aber es wird welche geben, bei denen eine tiefe Verletzung die Folge ist. Obiges Beispiel habe ich mir nicht etwa selbst ausgedacht, es handelt sich um eine wahre Begebenheit, die sehr gut zeigt, was ich meine. *Keiner* der Anwesenden hätte diese Kränkung einfach im Raum stehen lassen dürfen – das ist eine destruktive und beleidigende Aussage, die ihresgleichen sucht. Ich kann mir beim allerbesten Willen weder vorstellen, dass sie nicht zutiefst verletzend ist, noch, dass jemand anderer so einen Satz aus dem Mund eines Vaters oder irgendeiner anderen Person für akzeptabel halten könnte. Wer sich aber nicht genau darüber im Klaren ist, wo seine individuellen Grenzen sind und wer nicht einschätzen kann, wann ein Zuviel erreicht ist, wird zu keiner adäquaten Reaktion fähig sein. Wer sein Wertegerüst, seine wunden Punkte und Schwächen nicht kennt, ist Negativität weitgehend schutzlos ausgeliefert und wird nicht angemessen gegensteuern können.

Wer oder was hält Sie davon ab, Verletzungen entgegenzuwirken? Falls Sie sich fragen, wann es an der Zeit ist, aus den Startblöcken zu kommen und wie Sie genau erkennen können, dass ein Punkt erreicht ist, an dem Sie Ihre Grenzen sichtbar machen, sichern und verteidigen müssen, möchte ich Ihnen ein paar Gedankenstützen in Form von unbestechlichen Fragen in die Hand geben, die Ihr Wertegerüst praktisch erdbebensicher machen. Das besonders Gute ist, dass Sie die ehrliche Beantwortung dieser Fragen davon abhalten wird, sich selbst zu manipulieren und Gründe dafür zu suchen, untätigbleiben zu können. Ich möchte nicht verschweigen, dass die Fragen ein wenig unangenehm sein können, insbesondere, weil schonungslose Ehrlichkeit gefragt ist. Behalten Sie Ihr Ziel fest im Blick – Sie möchten nicht mehr verletzt werden, Sie halten an Ihren Werten fest, Sie fordern ein wertschätzendes Miteinander ein, Sie möchten glücklich sein … – und fragen Sie sich:

Wer oder was hält mich davon ab, Verletzungen entgegenzuwirken?

Auf diese Frage gibt es in der Regel nur eine Antwort: Sie selbst sind es, Sie haben aus unterschiedlichen Gründen entschieden, untätig zu bleiben. Es ist im ersten Moment eventuell schmerzlich, wenn man sich das eingestehen muss, aber es ist auch eine ganz besonders gute Nachricht! Denn es bedeutet auch, dass es an *Ihnen* liegt, Veränderung herbeizuführen!

Warum leben Sie nicht Ihre Wahrheit und Ihre Werte?

Bitte fragen Sie sich: Wer oder was hält mich davon ab, meine Wahrheit und meine Werte zu leben und diese einzufordern, wenn ich bereit bin, die Konsequenzen zu tragen?

Diese Frage ist mir seit Jahrzehnten ein zentrales Anliegen und prägt mein gesamtes Tun. Die Antwort auf diese Frage ist in der Regel dieselbe wie bei jener, wer oder was uns davon abhält, Verletzungen entgegenzuwirken (siehe Seite 45): Wir selbst haben entschieden, *gegen* unsere eigene Wahrheit, *gegen* unsere eigenen Werte zu leben und wir selbst sind es, die wir uns *dagegen* entschieden haben, diese konsequent einzufordern. Warum tun wir das, warum handeln wir so selbstverletzend? Meistens, weil wir uns vor schlimmen oder unangenehmen Konsequenzen fürchten, oder diese als Ausrede verwenden, denn Veränderung ist normalweise nichts, was uns sehr behagt. Sich das einzugestehen, mag im ersten Moment vielleicht unangenehm und schmerzlich sein, aber es ist wie gesagt auch eine ganz besonders gute Nachricht! Denn *Sie* haben es in der Hand, Veränderung herbeizuführen! Die

Konsequenzen, vor denen wir uns fürchten, sind es meistens, die uns vor einer Entscheidung erstarren lassen wie das Kaninchen vor der Schlange. Aber aus langjähriger Erfahrung kann ich Ihnen sagen, dass nichts mehr stimmt als der Spruch: Nichts wird so heiß gegessen, wie es gekocht wird.

Was ist das Schlimmste, das Ihnen passieren kann?
Damit Sie beantworten können, ob Sie bereit sind, die Konsequenzen zu tragen, müssen Sie die Konsequenzen natürlich kennen. Die Frage scheint auf den ersten Blick daher unbeantwortbar, denn Sie können bei bestimmten Situationen und Konstellationen nicht alle Möglichkeiten erfassen, da sich die meisten davon völlig Ihrem Einflussbereich entziehen und von der Reaktion eines Gegenübers (oder gleich mehreren) abhängen. Sie müssen aber auch gar nicht *alle* Konsequenzen kennen, sondern nur die *für Sie* wesentlichen, nämlich jene, die Sie nicht ertragen würden.

Bitte fragen Sie sich: Was ist das Schlimmste, das mir passieren kann – und halte ich das aus?

»Das Schlimmste« passiert meistens nicht, und in den allermeisten Fällen ist »das Schlimmste« außerdem recht gut auszuhalten und weitgehend problemlos zu ertragen. Sobald man es nämlich visualisiert, verliert auch das größte Schreckensszenario seine angsteinflößende und hemmende Wirkung.

Mit einem meiner ehemaligen Vorgesetzten war ich ein paarmal in so einer Situation. Er verlangte, um nur ein Beispiel zu nennen, etwas von mir, das ganz klar mein Wertegerüst verletzte: Jemanden unter dem Vorwand zu kündigen, er würde schlechte Arbeit leisten, de facto war er meinem Vorgesetzten aber schlichtweg unsympathisch.

Auch da habe ich mir die Frage gestellt:

»Was ist das Schlimmste, das mir passieren kann?«

(Ich verliere meinen Job.)

»Halte ich das aus?«

(Völlig klar, dass ich das aushalte, denn ich habe keine Sorge, wieder eine Beschäftigung zu finden.)

Vor mittlerweile drei Jahrzehnten klopfte meine heutige Ghostwriterin an meine Bürotür, ohne Termin, einfach nur, um bei mir zu deponieren: »Herr Zulehner, ich möchte gern für Sie arbeiten!« Sie war nicht glücklich in ihrer Abteilung, hatte aber das Studium noch nicht abgeschlossen und war damit in Wahrheit nicht ausreichend qualifiziert, um in meinem damaligen Team zu arbeiten.

Vielleicht hat sie sich damals gefragt:

»Was ist das Schlimmste, das mir passieren kann?«

(Er sagt nein.)

»Halte ich das aus?«

(Natürlich. Das Schlimmste wäre, ich hätte nicht gefragt.)

Ich habe mich damals gefragt:

»Was ist das Schlimmste, das mir passieren kann?«

(Dass sie ihren Job nicht gut macht und ich mir dann jemand anderen für die Position suchen muss.)

»Halte ich das aus?«

(Natürlich halte ich das aus.)

Ich verrate Ihnen, wie die Geschichte ausgegangen ist: Wenige Monate später war sie ein hochgeschätzter und wertvoller Teil meines Teams, und dass ich damals so entschieden habe, freut mich bis zum heutigen Tag.

Neben dem Aspekt, dass wir uns häufig völlig unbegründet vor schlimmen Konsequenzen fürchten, ist ein weiterer wichtiger Blickpunkt im persönlichen Wertegerüst jener, dass es hier kein Richtig und kein Falsch gibt. Es ist *Ihr* Wertegerüst und trägt Ihre persönliche, individuelle Note, Ihre Handschrift. Mir ist beispielsweise Pünktlichkeit sehr wichtig. Pünktlichkeit gehört zu meinem Wertegerüst und ich fordere Pünktlichkeit auch ein. Ich kenne viele Menschen, für die Pünktlichkeit keinen besonderen Wert darstellt, unter ihnen Führungskräfte, denen es beispielsweise egal ist, wann die Mitarbeiter in der Früh ins Büro kommen, solange sie nur ihre Arbeit machen. Beides ist richtig. Mir ist Pünktlichkeit wichtig, daher lebe ich sie und fordere sie auch ein. Wem Pünktlichkeit nicht wichtig ist – wer selbst vielleicht dafür bekannt ist, grundsätzlich zu spät zu kommen –, wird es dagegen schwer haben, wenn er sie bei anderen einfordern möchte. *Walk the talk* heißt es im Amerikanischen, vorleben also, was man selbst für wichtig und richtig hält.

Persönliche Werte, Einstellungen, Haltungen sind wesentliche Treiber unseres Verhaltens. Werte sind das, was wir als erstrebenswert erachten und moralisch, ethisch, menschlich für gut befinden. Wir bekommen sie vorgelebt und vermittelt, und wir prägen im Laufe unseres Lebens selbst Werte aus. An Werten, die uns nützlich erscheinen, orientieren wir uns, wir übernehmen sie oder behalten sie bei. Andere stören uns möglicherweise und wir legen sie ab. Wer von seinen Eltern beispielsweise vorgelebt bekam, dass Pünktlichkeit keinen besonderen Wert darstellt, ist vielleicht im Zuge des Erwachsenwerdens damit konfrontiert worden, dass *Un*pünktlichkeit sozial tendenziell unverträglich ist und erhebt Pünktlichkeit irgendwann zu einem Teil seines eigenen Wertesystems. Wer streng religiös erzogen worden ist, kommt vielleicht im Laufe seines Lebens darauf, dass Religiosität für ihn keinen besonderen Wert darstellt – oder umgekehrt.

Die bewusste und regelmäßige Auseinandersetzung mit seinem persönlichen Wertesystem ist wichtig. Nur so wissen wir, wer wir sind, auf welche Weise wir durchs Leben gehen wollen und wo wir unsere individuellen Grenzen ziehen möchten – und wann der Punkt erreicht ist, diese nötigenfalls zu verteidigen. Das persönliche Wertegerüst funktioniert wie ein innerer Kompass, der uns bei Entscheidungen hilft, uns zu einem besseren und positiveren Miteinander führt und uns sicherer und stabiler macht in Situationen, in denen unsere Grenzen überschritten werden.

NEID – DER GRÖSSTE ENERGIETRÄGER NACH DER SONNE

»Neid ist die aufrichtigste Form der Anerkennung.«
Wilhelm Busch, deutscher Dichter und Zeichner, 1832 – 1908

In unserem Kulturkreis haben wir ein Problem damit, dass jemand anderer etwas gut gemacht haben könnte. Wir versuchen herauszufinden, was an dem Guten schlecht sein könnte. Wir tun das so automatisch und reflexartig, wie wir atmen oder schlucken. Der Nachbar baut ein großzügiges Pool-Haus mit Outdoor-Küche, Gäste- und Badezimmer – was stimmt da nicht? (»Hat der im Lotto gewonnen?«, »Ist der Größenwahn ausgebrochen?«) Der andere Nachbar fährt ein teures Auto –

was stimmt da nicht? (»Muss er sein Ego aufpolieren?«, »Verkraftet er das Älterwerden nicht?«). Neid ist der größte Energieträger nach der Sonne, wie ich immer zu sagen pflege, und Triebfeder der meisten destruktiven Handlungen und Verhaltensmuster, die ein gutes, leichtfüßiges und wertschätzendes Miteinander stören oder verhindern.

Stellen Sie sich bitte vor, Sie fahren mit ihrem neuen Mittelklassewagen die Autobahn entlang. Weil Sie kürzlich eine Geschwindigkeitsbeschränkung übersehen und Ihren Punktestand in Flensburg ein weiteres Mal erhöht haben, halten Sie sich heute genau an die vorgeschriebene Höchstgeschwindigkeit und fahren dank Tempomat gemütlich dahin. Sie nehmen in Ihrem Rückspiegel wahr, dass sich ein rotes Fahrzeug mit sehr hoher Geschwindigkeit nähert. Ein roter Ferrari mit offenem Verdeck wird mit abnehmender Distanz rasch größer. Am Steuer sitzt ein junger Mann, maximal 35 Jahre alt, braust auf der Überholspur an Ihnen vorbei und ist schon wenige Sekunden später wieder außerhalb Ihrer Sichtweite.

Gehören Sie zu den wenigen Menschen, die denken *schöner Wagen – hätte ich auch gern,* und die gemütlich weiterfahren, ohne dass ihr Selbstwertgefühl auch nur den kleinsten Kratzer davongetragen hat?

Die Realität, behaupte ich, sieht so aus:

Sieben von zehn Menschen in Österreich und Deutschland denken sich oder sagen zu ihrem Beifahrer etwas wie:

»Bestimmt einer aus dem Rotlichtmilieu!« oder »Angeber!«

Zwei von zehn sagen etwas in der Richtung:

»Vielleicht ist er tüchtig – aber wahrscheinlich ist er von Beruf Sohn und hat das Geld vom Vater.«

Nur einer von zehn sagt:

»Respekt! Heißer Wagen! Der Bursche muss tüchtig sein, wenn er in diesem jungen Alter schon so ein Auto fährt!«

Wir empfinden Neid und der lässt uns sofort in die Haltung kippen: *Da stimmt etwas nicht, da muss ein Fehler sein, das geht doch nicht mit rechten Dingen zu ...* Sie selbst können oder wollen sich diesen teuren Wagen aus verschiedenen Gründen möglicherweise nicht leisten und fühlen sich in Ihrem Mittelklassewagen vielleicht auch ein wenig altbacken – es ist kein schönes Gefühl, wenn der soziale Vergleich uns so schlecht aussehen lässt. Indem wir den jungen Mann am Steuer des Ferraris abwerten – ihm absprechen, dass er selbst das Geld für den Wagen verdient hat und ihn damit schlechtmachen –, ist der eigene Neid besser auszuhalten. Wir versuchen unseren Selbstwert zu schützen, der in den paar Sekunden deutlich absackt, in denen der rote Ferrari an uns vorbeibraust.

Spielte sich dieselbe Situation auf einem Highway in den USA ab, behaupte ich, würden sieben von zehn Personen in ihrem Mittelklassewagen entspannt aus dem Fenster blicken und sagen oder denken:

»Respekt, heißer Wagen! Der Bursche muss tüchtig sein, wenn er sich in so jungen Jahren schon so ein Auto leisten kann!«

Zwei von zehn würden sagen oder denken:

»Wahrscheinlich ist er tüchtig, hat aber vielleicht auch Geld vom Vater!«

Nur einer von zehn würde an das Rotlichtmilieu denken oder den jungen Mann am Steuer für einen Angeber halten.

Ich habe sehr viel Zeit in Nordamerika verbracht und bin im deutschsprachigen Raum aufgewachsen – mir ist noch niemand begegnet, der meiner 7-2-1-These widersprochen hat.

Kulturgut Neid – wehrt ab, was wir an anderen bewundern

Nach Otto F. Kernberg, einem weltweit anerkannten US-amerikanischen Psychiater und Psychoanalytiker österreichischer Herkunft, wird durch die Entwertung anderer (»Zuhälter«, »Bestimmt vom Vater finanziert«, »Angeber«, »Rotlichtmilieu«) der eigene Neid auf all das abgewehrt, was man bei ihnen bewundert und worum man sie be*neidet*. Das heißt, wenn man die beneidete Person, ihre Leistungen oder ihren Besitz schlechtmacht, ist die Diskrepanz zwischen dem, was der andere hat und dem, was man selbst hat, leichter zu ertragen. Der Neid ist also die Ausgangsbasis für das destruktive Verhalten – im Ferrari-Fall das Verhalten der Abwertung und Herabwürdigung. Der amerikanische Essayist Joseph Epstein bezeichnet den Neid alsböseste Todsünde und als die einzige, die keinen Spaß macht. Neid ist kein schönes Gefühl, ebenso wenig wie Missgunst – da drängt sich willkürlich die Frage auf, weshalb sich so viele dem Neid und der Missgunst nicht entziehen können. Ich halte Neid für eine Art Kulturgut in unseren Breiten: Wir wachsen mit ihm auf. Wir spüren zwar, dass er nichts Schönes in uns auslöst und es fühlt sich erst recht nicht gut an, wenn wir selbst vom Neid anderer betroffen sind und es mitbekommen. Aber wir kennen es nicht anders, wir sind in einer Neidgesellschaft sozialisiert worden und es ist nicht einfach, sich so etwas selbstverständlich Gewordenem zu entziehen (denken Sie an die ausgetretenen Wege im Garten, Seite 30).

Neid unterscheidet sich von der Missgunst in zwei Aspekten: Erstens muss die Person nicht unbedingt tatsächlich bessergestellt sein als derjenige, der ihr etwas missgönnt. Zweitens muss der Gegenstand (das Privileg, die Begabung …) vom

Missgünstigen nicht unbedingt selbst erstrebt werden. In Extremfällen kann es dazu kommen, dass der Missgönnende den beneideten Gegenstand beschädigt oder zerstört (wie viele Besitzer schöner und wertvoller Autos klagen regelmäßig über mutwillig herbeigeführte tiefe Kratzer im Autolack, um nur ein Beispiel anzuführen). Missgunst beinhaltet also immer einen Aspekt der Destruktivität, der sich im schlimmsten Fall auch an Personen entladen kann. Beim Neid hingegen ist dieser Aspekt der Destruktivität nicht immer gegeben – er kommt in Abwertungen in allen denkbaren Formen zum Ausdruck, und ein paar davon möchte ich auf den folgenden Seiten ein wenig eingehender behandeln.

Sozialer Vergleich und Neid hängen eng zusammen, und beide sind anerzogene Verhaltensmuster. Typisch für den Neider ist es nämlich, sich mit anderen zu vergleichen. Der Vergleich an sich ist noch nichts Schlechtes, denn es gibt auch einen »konstruktiven Neid«, aus dem der Ansporn hervorgeht, den Vorsprung des anderen auf das Beneidete zu verringern. Hier scheint es – wenn wir noch einmal obiges Beispiel mit dem Ferrari-Fahrer und meiner 7-2-1-These heranziehen – kulturelle Unterschiede zu geben. Nord-Amerikanern eilt der Ruf voraus, mit einem unerschütterlichen Selbstbewusstsein ausgestattet zu sein, und wer beruflich oder privat mit Amerikanern zu tun hat, wird mit ziemlicher Sicherheit der Meinung sein, dass sie diesem Ruf alle Ehre machen. Wir im deutschsprachigen Raum empfinden eine allzu selbstbewusste Haltung als übertrieben erhöhend und tendenziell unsympathisch. Das hat damit zu tun, dass Bescheidenheit in unserem Kulturkreis eine sehr angesehene Eigenschaft ist und deshalb zu lautes oder übersteigert selbstbewusstes Auftreten als negativ eingeordnet wird. Neid zu fühlen und die Entscheidung, entweder ein konstruktives oder ein destruktives Verhaltensmuster daraus abzuleiten und entsprechend zu handeln, ist also ebenfalls etwas Anerzogenes.

Wir haben gelernt, dass es im Leben darum geht, Fehler zu finden und auszumerzen – bei uns selbst ebenso wie bei anderen. Wir haben gelernt, dass es schlecht ist, wenn andere besser sind oder mehr besitzen. Wir tun uns schwer mit dem Erfolg anderer und können meist mit den Gefühlen nicht umgehen, die der soziale Vergleich in uns auslöst. Schneiden wir hier schlechter ab als unsere Mitmenschen, löst das in uns Gefühle der Angst und der Minderwertigkeit aus. Und um unser Selbstwertgefühl vor Schaden zu bewahren, greifen wir zum Mittel der Entwertung des Erfolgs und der Leistung anderer.

Es gibt eine hervorragende Versinnbildlichung dafür. Stellen Sie sich vor, Sie wohnen in den USA, in Los Angeles, im Stadtteil Bel Air – bekanntlich keine sehr günstige Wohngegend. Ihr Nachbar ist Friseur. Er stylt viele der Berühmtheiten für die jährliche Oscargala, ist Stammgast in den Hochglanz-Modemagazinen und immer wieder im Fernsehen präsent. Als Amerikaner würden Sie keinesfalls sagen: »Ich wohne in Bel Air«, sondern Sie würden sagen: »Ich wohne neben John Mc Miller, dem Friseur.«

Amerikaner scheinen überhaupt keine Scheu vor dem Vergleich mit anderen Menschen zu haben. Ihr Selbstwertgefühl ist schwerlich zu erschüttern, denn sie haben von klein auf gelernt, per se und prinzipiell großartig zu sein. Ihnen dient der Vergleich mit anderen, erfolgreicheren Menschen dazu, ihren eigenen Selbstwert aufzuladen, denn sie müssen ja einiges richtig gemacht haben, wenn Sie in derselben Gegend wie John Mc Miller leben! Sie nehmen Erfolgreichere in ihrem Umfeld als Ansporn wahr.

Hierzulande würden wir auf unseren Wohnsitz in einer der teuersten Wohngegenden der österreichischen, deutschen oder Schweizer Hauptstadt verweisen und darauf, dass das nicht für jedermann so ohne Weiteres finanzierbar ist und es nur wenigen gelingt, sich ein Haus in dieser Lage auf Dauer zu leisten und erst dann – wenn überhaupt – den berühmten Nachbarn erwähnen. Wir wissen ja schon, was dann kommt: Die Leute fragen, ob er auch privat so nett ist wie er im Fernsehen scheint, und wie er so lebt und ob viele Prominente bei ihm zu Besuch sind. Er würde uns sofort die Show stehlen. Vielleicht würden wir deshalb sogar antworten, dass er uns ehrlich gestanden schon ein wenig auf die Nerven geht mit seiner medialen Omnipräsenz – um unser Selbstwertgefühl nicht anzukratzen, braucht es nun einmal eine leichte Entstörung des bekannteren und erfolgreicheren Nachbarn, und sei es nur, indem wir darauf hinweisen, dass unser Grundstück die bessere Aussicht hat oder unser Swimmingpool größer ist als jener des Starfigaros, beziehungsweise fragen wir uns grundsätzlich, wie sich der berühmte Nachbar ein Haus in dieser Wohngegend überhaupt leisten kann, wo doch sein Geschäft nicht so besonders zu laufen scheint – zumindest sehen *Sie* kaum Autos auf dem Kundenparkplatz, wenn Sie dort vorbeifahren.

Wer bei uns ein Restaurant eröffnen möchte, muss dieses Handwerk gelernt haben. Die Gewerbeordnung und verschiedene Regeln lenken das in die richtigen beziehungsweise gewünschten Bahnen für den Fall, dass ein Fliesenleger auf die Idee käme, er könne kochen und in die Gastronomie einsteigen. Es gibt wenige Ausnahmen, die sich über die hierzulande geltenden Glaubenssätze hinweggesetzt haben – für sie wurde das Wort

»Quereinsteiger« erfunden. Das Wort bringt zum Ausdruck, dass hier jemand etwas tut, das er nicht oder erst später gelernt hat. In den USA können Sie gestern noch Postbeamter gewesen sein und heute ein Restaurant aufmachen – niemand wird Sie in Zweifel ziehen, denn alle gehen davon aus, dass Sie das Vorhaben ernst meinen, von Ihren Fähigkeiten und Qualitäten völlig überzeugt sind und Ihre Sache schon allein deshalb gut meistern werden. Die englische Übersetzung für »Quereinsteiger« lautet »Career Changer«, jemand »wechselt die Karriere«, die man ihm *eben nicht* im Vorhinein abspricht, während das Wort »Quereinsteiger« sofort ein gewisses Misstrauen in die Kompetenz und die Erfolgsaussichten offenbart. Kompetenz wird hierzulande an rationale Bedingungen geknüpft, nicht an Leidenschaft, Talent, Mut.

Wir freuen uns über Misserfolge anderer mehr als über deren Erfolge, und wir genieren uns nicht einmal dafür. Diese uncharmante Realität beobachte ich seit Jahrzehnten, und sie hat mir noch nie gefallen.

❞ Ich erinnere mich noch gut, als Magna International vor mehr als zehn Jahren über den Kauf von Opel verhandelte. Die Gespräche waren ins Stocken geraten und langsam zeichnete sich ab, dass die Übernahme möglicherweise scheitern könnte. Das Thema beherrschte damals die Schlagzeilen. Siegfried Wolf, der damalige CEO der Magna International, war Gast in der Prime Time Nachrichtensendung des Österreichischen Rundfunks, und der Moderator sagte sinngemäß zu ihm: »Da ist die Magna drauf und dran, einen anderen Autohersteller zu kaufen, und ein anderer Autohersteller und Magna-Kunde droht, Aufträge abzuziehen, sollte der Deal realisiert werden. Ich habe das Gefühl, das halbe Land freut sich, dass die Magna möglicherweise Aufträge verlieren könnte. Sie sind einer der größten Arbeitgeber im Land. Welche Erklärung haben Sie dafür?«

Auch ich hatte damals das Gefühl, dass es den Österreichern und den Medien mehr Freude bereiten würde, wenn der Deal platzt, als wenn er zustande gekommen wäre. Schon der Gedanke, so ein Mega-Geschäft könnte realisiert werden, schien Neid auszulösen und Unbehagen zu bescheren. Dass dieser beschämende Umstand auch noch völlig ungeniert in der Hauptnachrichtensendung thematisiert und damit offengelegt wurde, zeigt, wie sehr uns Neid und der damit einhergehende Fokus auf das Negative innewohnen.

» Eine meiner Coachees ist Ärztin in einer Universitätsklinik in einem chirurgischen Fach und ihren männlichen Kollegen in Sachen Rang und Ausbildung klar überlegen. Sie genießt internationalen Ruf, und insbesondere ihren früheren Ausbildnern fällt es schwer, ihren Erfolg anzuerkennen. Sie können nicht nachvollziehen, wie es dazu kommen konnte, dass eine Frau sie fachlich in den Schatten stellt, und suchen nach Fehlern in einem Bild, das es ihrer Meinung nach nicht geben dürfte, denn Chirurgie gilt in diesen Kreisen nach wie vor als männliche Domäne. Meine Coachee erzählte mir in unseren Meetings wiederholt von einer feindselig aufgeladenen Stimmung, die von regelmäßigen verbalen Attacken begleitet sei. So hatte etwa einer ihrer früheren Ausbildner während einer Operation, anlässlich der sie ebenfalls im Operationssaal war, in die Runde gerufen: »Chirurginnen haben im Operationssaal nichts verloren. Frauen gehören in die Küche. Die Küche gehört in den Keller. Und der Keller gehört unter Wasser gesetzt.«

Vom sexistischen und intelligenzmäßig völlig fragwürdigen Aspekt obiger Aussage einmal abgesehen ist es wahrlich hässlich, welche Verhaltensweisen Neider setzen und wie sehr sie sich zu entblößen bereit sind. Wenn sie kein Ventil für ihren Neid finden, scheuen sie auch nicht davor zurück, diesen offen zu zeigen. Sie haben nichts zu befürchten: Neid – und sei er noch so offensichtlich zur Schau gestellt – kommt niemandem verwerflich vor. Wenn wir für jeden Menschen, der vom Neid anderer betroffenen ist, eine Schweigeminute einlegen würden, dann wäre es die kommenden Jahrzehnte wohl sehr still auf der Erde.

Wenn Sie Neid verspüren, machen Sie sich bitte folgende Denkweise zur Gewohnheit: Gehen Sie davon aus, dass, wenn jemand etwas Besonderes besitzt – in einem großen Haus wohnt, einen besonders tollen Wagen fährt, sich tolle Urlaube leistet und so weiter –, dass er ein tüchtiger Mensch ist, sich das Beneidete selbst erarbeitet und verdient hat, in seinem Fach der Beste ist. Suchen Sie nicht nach dem, was an dem Bild *nicht* passen könnte (»Ohne die Erbschaft wäre ihm das unmöglich gewesen«, »Der Wagen gehört bestimmt der Bank« und so weiter). Versuchen Sie, ein konstruktives Muster aus Ihrem Neidgefühl abzuleiten und fragen Sie sich, was *Sie selbst* dafür tun müssten, um das zu bekommen, was der andere besitzt und worauf Sie neidisch sind. Neid zu verspüren ist keine Schande, denn es ist ein anerzogenes Grundmuster. Was wir aus dem Neidgefühl ableiten – positive und motivierende oder negative und abwertende Gefühle und Handlungsweisen –, das ist das Wesentliche! Manchmal hat es auch überhaupt keinen Sinn, neidisch zu sein. Nämlich dann, wenn die beneideten Attribute schwer oder gar nicht erreichbar sind: Wenn jemand größer ist, eine auffallend schöne Augenfarbe oder schöne Haut oder ein besonderes Talent hat. Das sind Dinge, die wir zur Kenntnis nehmen müssen. Wenn es um die bessere Figur, Fitness, gepflegtere Nägel, wertschätzenderen Umgang mit den Kindern oder seinem Umfeld geht, sieht die Sache anders aus. Hier kommt etwas Arbeit und Beschäftigung, möglicherweise auch Anstrengung auf Sie zu, um das Beneidete zu erreichen, aber entscheiden Sie: Sind Sie bereit dafür? Wenn nicht, ist es nicht nur unfair, sondern auch extrem unklug, dem Neidgefühl weiter nachzugeben, und meistens verschwindet es von ganz allein, wenn man erkennt, dass einem der Weg zum Ziel die Sache gar nicht wert und der Aufwand zu hoch ist.

Neid resultiert stets aus dem Gefühl der Unterlegenheit und der eigenen vermeintlichen Schwäche. Da er mit Scham behaftet ist – wer gibt schon gern und unumwunden zu, Neid zu empfinden, der nach christlichem Verständnis zu den sieben Todsünden zählt? –, wird er verschwiegen und brodelt im Inneren des Neiders weiter wie ein Vulkan. Seine zerstörerische Wirkung attackiert das Selbstvertrauen des Neiders, führt zu Grübeleien und destruktiven Handlungen dem Beneideten gegenüber. Dafür haben wir Menschen eine ganze Palette an Instrumenten ausgebildet, die dazu geeignet sind, dem beneideten Gegenüber zu schaden und es herunterzustoßen von seinem imaginären Podest – auf ein paar davon möchte ich auf den folgenden Seiten dieses Kapitels näher eingehen und Ihnen auch ein paar wirksame Gegenmittel zeigen.

ABWERTUNG – UNTER DEM DECKMANTEL DES HUMORS

»Wenn der Humor ernstgenommen wird,
hört der Spaß auf.«
Lionel Strachey, englischer Schreiber,
Übersetzer und Humorist, 1864 – 1927

Humorvoll zu sein gilt als positive Charaktereigenschaft. Und dennoch birgt kaum ein Instrument, dem Leben gelassen und freundlich zu begegnen, mehr Falltüren als der Humor. Denn nicht immer wird er richtig eingesetzt und dosiert, und es kann völlig unbeabsichtigt zu einer tiefen Kränkung des Gegenübers kommen.

Wir sind nicht immer Opfer, sondern manchmal auch Täter

Lassen Sie mich mit einer Geschichte beginnen, die mir selbst vor Jahrzehnten passiert ist und die ich immer wieder erzähle, wenn es darum geht, zu zeigen, dass Humor völlig danebengehen kann, und zwar dann, wenn man, ohne es zu ahnen, auf einen wunden Punkt beim Gegenüber trifft.

❞ Ich stand mit dem Rücken zur Tür in der Kaffeeküche und richtete mir auf dem Weg in mein Büro gleichzeitig mit einer Kollegin einen Kaffee. Da diese keine Milch und keinen Zucker brauchte, war sie einen Tick früher fertig als ich, drehte sich um, und in diesem Moment kam meine damalige Assistentin ebenfalls in die Kaffeeküche.

Die Kollegin sagte mit einem sehr begeisterten Unterton zu ihr:

»Wow! Ilse! Du warst beim Friseur! Steht dir super!«

Ich stand immer noch mit dem Rücken zu den anderen beiden, weil ich mit der Zuckerdose beschäftigt war. Dabei fiel mir ein Scherz ein, über den ich Tage zuvor in einem Kabarett sehr hatte lachen müssen und hielt es für eine gute Gelegenheit, den gleich zum Besten zu geben.

Ich drehte mich also um und sagte zu Ilse:

»Bist du denn nicht drangekommen?«, und hielt mich in diesem Moment für extrem lustig.

Meine Assistentin stand da, rang zuerst nach Fassung, und fing schließlich an zu weinen.

Ich war einigermaßen überfordert, denn für mich passte das nicht zusammen: ein Scherz und bittere Tränen.

Ich versuchte, zu beschwichtigen und sagte irgendetwas in der Richtung:

»Ilse, das habe ich doch nicht böse gemeint, das war doch ein Scherz, das darfst du doch nicht ernst nehmen …«

Doch Ilse war völlig fertig und schluchzte:

»Für mich ist das kein Scherz! Ich werde dir jetzt etwas erzählen!«, und der Ton, in dem Ilse das sagte, ließ keinen Zweifel bei mir aufkommen, dass ich mit meinem vermeintlichen Scherz bei meiner Assistentin unbeabsichtigt einen sehr, sehr wunden Punkt getroffen haben musste.

Ilse erzählte mir, dass ihr Haus direkt neben dem ihrer Eltern stand und dass ihre Mutter sie jeden Abend am Balkon erwartete, um zu sehen, dass ihre Tochter gut von der Arbeit nach Hause gekommen war, und um ein paar Dinge über die Arbeit zu hören und wie es ihr geht.

»Wenn meine Mutter sieht, dass ich beim Friseur war, sagt sie jedes Mal zu mir ›Jetzt warst du schon wieder beim Friseur! Dabei warst du immer so hübsch mit deinen langen Zöpfen!‹, und dann seufzt sie resignierend, als hätte ich etwas falsch gemacht.«

Ilse erzählte mir, dass sie bis ins Teenageralter gegen ihren Willen einen halben Meter lange Zöpfe tragen musste. Ein Friseurbesuch und auch nur einen Zentimeter der Haarpracht zu opfern – undenkbar für ihre Mutter und ein völliges Tabu. Bis sie die Zöpfe mit zwölf Jahren endlich – allerdings unter großem Protest der Mutter – abschneiden lassen und eine »weniger ländliche« Frisur tragen durfte.

Die Mutter konnte sich offenbar nicht damit abfinden, dass die 30-jährige Tochter nicht mehr bereit ist, den Wünschen ihrer Mutter die Frisur betreffend zu entsprechen. Sie war überzeugt davon, dass ihrer Tochter keine andere Frisur außer den langen Zöpfen stehen würde und teilte ihr das nach jedem Friseurbesuch auch mit.

Ich hatte mit meinem Scherz unwillentlich einen wunden Punkt getroffen und Ilse damit wehgetan.

Für Außenstehende sind so heftige Reaktionen manchmal befremdlich, denn Humor und Verletzung passen auf den ersten Blick nicht zusammen. Die meisten Menschen behaupten von sich, humorvoll zu sein und auch einmal über sich selbst lachen zu können. In der Praxis zeigt sich das weniger oft. Warum lassen wir so selten und ungern die anderen über uns lachen? Weshalb brauchen wir überhaupt einen anderen Menschen, um unseren Humor zu demonstrieren? Humor ist, wenn man *trotzdem* lacht, heißt es im Volksmund. Dieses »Trotzdem« hat enorme Aussagekraft: Eigentlich verletze ich mein Gegenüber mit einer Aussage, aber es ist Humor und ohnehin nicht böse gemeint, also erwarten wir vom Gegenüber, dass es seinen Humor unter Beweis stellt und trotzdem lacht. Humor dreht sich um wunde Punkte, um Missgeschicke, um Unzulänglichkeiten, um Fehler, um schwierige Lebensphasen, um unangenehme oder peinliche Situationen, um Dummheiten – anderer. Schon klar, wer wertet sich schon gern aus freien Stücken selbst ab? Wenn überhaupt, dann macht man das beispielsweise anlässlich charmanter Missgeschicke, die einem passiert sind und die eine gute Story abgeben, aber man trampelt nicht von sich aus auf den eigenen wunden Punkten herum.

Humor kann verletzen, vor den Kopf stoßen, irritieren – das kann unabsichtlich geschehen, aber es kann auch volle Absicht dahinter sein. Nicht nur wenn es um Fehler geht. Bestimmt haben Sie sich schon einmal gemeinsam mit jemandem aufrichtig über einen Erfolg gefreut. Und ganz bestimmt ist Ihnen auch der Running Gag bekannt, mit dem man seine Freude über den Erfolg des anderen kundtut: »Das ist so gut, dass es von mir sein könnte!« Natürlich ist das nicht böse gemeint, das ist doch überhaupt keine Frage – aber Sie können durchaus einen wunden Punkt bei jemanden treffen, den Sie zu wenig gut kennen, um das einschätzen zu können.

Daher mein Appell: Was uns unangenehm wäre oder gar verletzen würde, sollten wir auch anderen Menschen nicht zumuten: »Was du nicht willst, dass man dir tu, das füge auch keinem andern zu« (Martin Luther).

Mit der Weisheit des Rückblicks betrachtet war sehr viel früher eine meiner Schwächen in der Kommunikation und somit in der Führungsarbeit die Facette, mich mit vermeintlich guten Witzen über andere lustig zu machen und zu denken, dass alle anderen das ebenso lustig finden würden. Erst durch meine diversen Ausbildungen ist mir bewusst geworden, auf welch gefährlichem Terrain ich mich jahrelang bewegt habe, und ich muss damit leben, dass ich ohne jede böse Absicht damals die eine oder andere Kränkung verursacht habe. Ich rate daher generell davon ab, sich auf Kosten anderer lustig zu machen, es sei denn, Sie sind Kabarettist von Beruf. Egal, worum es geht: Wenn Sie etwas zum Besten geben, aufgrund dessen über jemand anderen gelacht wird, sind Sie abwertend und im schlimmsten Fall lösen Sie eine tiefe Kränkung aus oder bringen gar Traumen ans Tageslicht. Selbst wenn es ohne böse Absicht geschehen ist, dass Sie einen wunden Punkt getroffen oder jemanden gekränkt haben – Sie können es nicht rückgängig machen. Es gibt unzählige Arten, anderen wehzutun, den Unterschied macht lediglich der Grad der Verletzung aus. Vermeintliche Kleinigkeiten werden häufig abgetan mit der Erklärung, das wäre doch nicht böse gemeint oder das dürfe der andere doch nicht persönlich nehmen. Ich bringe an so einem Punkt gern das Gedankenkonstrukt ein, den Grad der Verletzung gedanklich nach oben zu ziehen – am Beispiel »Partner schlägt Frau«. An diesem Extrembeispiel sieht man dann plötzlich sehr deutlich, dass das mit dem Herunterspielen (»Das war doch nicht böse gemeint«, »Das darfst du doch nicht persönlich nehmen«) nicht funktioniert. Verletzung ist Verletzung, und Verletzungen können nicht rückgängig gemacht werden, egal um welchen Verletzungsgrad es sich handelt.

Die drei Schritte der Entschuldigung

Egal, ob gut gemeinter Humor im Spiel war oder ob Sie einfach eine unbedachte Bemerkung gemacht haben, die Ihr Gegenüber sichtlich gekränkt hat – mit den drei Schritten der Entschuldigung möchte ich Ihnen ein wichtiges Werkzeug an die Hand geben, um das Bestmögliche aus so einer Situation zu machen.

Sollte es wirklich einmal passieren, dass Sie jemanden verletzt oder ungewollt entwertet haben, gehen Sie bitte auf keinen Fall dazu über, sich mit Standardfloskeln aus der Affäre zu ziehen, denn dann kann Ihnen folgender Dialog widerfahren, der nichts besser macht, im Gegenteil:

»Das habe ich nicht so gemeint!« –

»So? Wie hast du es denn gemeint?« oder

»Das darfst du doch jetzt nicht persönlich nehmen!« –

»Tatsächlich? Darf ich nicht? Wer außer mir ist denn sonst noch anwesend, wenn es nicht *persönlich* gemeint war?«

Sie können die Tatsache, dass Sie »Täter« waren, nicht mehr rückgängig machen, Sie können nichts ungeschehen machen. Flüchten Sie sich nicht in Entschuldigungen! Wie ich schon ausgeführt habe, macht es keinen Unterschied, ob ein Vorsatz hinter der Kränkung stand oder nicht. Kränkung ist Kränkung ist Kränkung. Verletzung bleibt Verletzung bleibt Verletzung. Ihr Gegenüber ist ohnehin angeschlagen und möchte sich nicht auch noch mit Ihren Erklärungsversuchen auseinandersetzen müssen. Daher lautet meine Empfehlung: Wenden Sie die drei Schritte der Entschuldigung an und ziehen Sie sich zurück. Geben Sie dem anderen Zeit und gewähren Sie ihm Abstand.

Schritt 1:
Wenn Sie der Verletzer sind, beschreiben Sie bitte, was Sie sehen und wahrnehmen und sagen Sie:

»Ich sehe, ich habe dich verletzt.«

Schritt 2:
Beschreiben Sie Ihre Gefühle zum Geschehen und sagen Sie:

»Es tut mir aufrichtig leid, und werde sicherstellen, dass das nicht mehr passiert.«

Schritt 3:
Punkt. Stille.

Bemühen Sie sich keinesfalls, die Situation ins Positive zu drehen. »Bemühen« ist etwas für die »Neigungsgruppe Neujahrsvorsätze« und das Wort trägt den Kernpunkt der Ursache des Scheiterns schon in sich: Wenn uns etwas »Mühe« bereitet, wird das jeweilige Vorhaben eher nicht erfolgreich sein. Jedes »So bin ich eben«, jedes »Das darfst du doch nicht persönlich nehmen«, jedes »Du weißt doch, dass ich das nicht böse gemeint habe« ist hier fehl am Platz. Lassen Sie es gut sein!

So, wie es passieren kann, dass wir zum Täter werden, sind wir manchmal auch Opfer von Verletzungen, und für diese Fälle möchte ich Ihnen mein Breitband-Gegenmittel für Verletzungen an die Hand geben, dessen Wirkung Sie positiv überraschen und vielleicht sogar erstaunen wird.

»SVE« – das Breitband-Gegenmittel

»SVE« ist die Abkürzung und steht für »Situation. Verhalten. Ergebnis.«

1. Situation:
Beschreiben Sie mit Ihren eigenen Worten die Situation, die stattgefunden hat. Fangen Sie an, indem Sie sagen:

»Mir ist Folgendes aufgefallen«,
»Ich habe Folgendes wahrgenommen« oder
»Aus meiner Sicht ist heute Folgendes passiert«.

Es geht immer darum, zu *beschreiben* und nicht zu *bewerten* – das ist ein sehr wichtiger Punkt.

»Du kommst immer zu spät« wäre eine klassische Bewertung.

»Mir fällt auf, dass es dir schwerfällt, pünktlich zu sein« ist eine Beschreibung und treibt den anderen nicht in die Rechtfertigung, sondern Sie beide können einen Dialog starten. Im ersten Fall hingegen wird Ihr Gegenüber möglicherweise zurückschlagen und sich für Ihre Bewertung rechtfertigen. So könnte er etwa sagen:

»Das stimmt doch überhaupt nicht, dass ich immer zu spät komme« – merken Sie den Unterschied?

Sie könnten also beispielsweise sagen:

»Du hast dich über mich lustig gemacht und mich damit tief verletzt« oder

»Ich komme heute Abend nach Hause und das Frühstücksgeschirr steht immer noch da, obwohl wir vereinbart hatten, dass du die Küche aufgeräumt hinterlässt«.

2. Verhalten:

Im zweiten Schritt geht es darum, das Verhalten des Gegenübers zu beschreiben, welches der eigentlichen Kränkung folgte beziehungsweise üblicherweise folgt (bei Verhaltensweisen, die schon seit längerem Gegenstand des Unmuts sind). Auch hier ist es wichtig, *zu beschreiben*, und zwar ohne jegliche Bewertung. Erinnern Sie sich an Ihre Schulzeit, bestimmt waren Sie irgendwann mit dem Thema »Nacherzählung« konfrontiert. Bei dieser Textform geht es darum, nur Dinge zu erwähnen, die für die Handlung von Bedeutung sind. Die zugrundeliegende Geschichte darf nicht verändert oder ausgeschmückt werden. Eigene Interpretationen sind unzulässig. Sie beschreiben lediglich, was stattgefunden hat.

Das könnte dann zum Beispiel so aussehen:

»Dein Verhalten ist normalerweise, dass du sagst, das sei doch nicht böse gemeint gewesen«,

»Wenn ich dich auf das liegengebliebene Geschirr anspreche, ist dein Verhalten normalerweise, dass du sagst ›Das ist doch nicht so schlimm!‹ oder ›Haben wir keine anderen Probleme?‹« oder

»Du sagst mir, es sei nicht böse gemeint«.

3. Ergebnis:

Damit Sie zum Entwerter durchdringen, müssen Sie Betroffenheit auslösen, indem Sie dem Gegenüber sagen, was sein Verhalten mit Ihnen macht beziehungsweise was seine Kränkung in Ihnen auslöst. Es geht um Ihr Innenleben, in das sie dem Kränkenden Einblick gewähren.

Das könnte so aussehen:

»Bei mir löst dein Verhalten Folgendes aus. Ich bin zutiefst verletzt und zwar aus diesem Grund: …« oder

»Ich habe das Gefühl, du willst mich mit dem liegengebliebenen Geschirr provozieren und mich dafür bestrafen, dass unser Sexleben in der letzten Zeit etwas zu kurz gekommen ist«.

Zusätzlich zu Situation, Verhalten, Ergebnis können Sie gleich Ihre Grenze ziehen und Ihrem Gegenüber die Regeln mitteilen, die sich an Ihrem Wertegerüst orientieren:

»Hör deshalb auf, dich auf meine Kosten lustig zu machen!« oder

»Bitte halte dich an unsere Vereinbarung, die Küche aufgeräumt zu hinterlassen!«

Es gibt dazu ein wunderbares, sehr anschauliches Beispiel, das ich Ihnen gern erzählen will.

» Der Mann des Hauses neigt dazu, die Tube mit der Zahnpasta offen zu lassen und die getragenen Socken auf der Couch zu vergessen (und ich lege Wert auf die Feststellung, dass es sich dabei nicht um mich handelt). Der Frau des Hauses ist es wichtig, dass die Zahnpasta-Tube verschlossen ist und die Socken nicht auf der Couch liegen bleiben. Sie sagt also in der Früh zu ihrem Mann, der es schon sehr eilig hat (denn sie hat, wie wir schon gelernt haben – siehe Seite 40 –, den Zeitpunkt für ihre Reklamation an den Gatten nicht zufällig gewählt): »Du hast gestern übrigens wieder die Socken auf der Couch liegen lassen und wieder einmal die Zahnpasta-Tube nicht zugeschraubt!«

Ihr Mann, der keinesfalls zu spät zu einem wichtigen Meeting kommen darf, antwortet:

»Bitte haben wir denn keine anderen Probleme am Montag um 6:30 Uhr in der Früh?!«

Seine Reaktion verletzt seine Frau noch mehr, und ich möchte mir gemeinsam mit Ihnen ansehen, wie sie das mit der SVE-Methode verhindern und stoppen kann:

Sie könnte etwa sagen:

»Mir ist aufgefallen, dass heute wieder die Zahnpasta offen war und die Socken auf der Couch lagen.« → **Situation**

»Deine Reaktion auf meinen Kommentar dazu ist normalerweise die, dass du mich fragst, ob wir denn keine anderen Probleme hätten.« → **Verhalten**

»Jetzt möchte ich dir gern sagen, was das bei mir auslöst. Bei mir löst es aus, dass ich mir denke, du tust das absichtlich. Bei mir löst es aus, dass ich mir denke, du willst mich provozieren.« → **Ergebnis**

Beim Mann wird ihre Aussage Betroffenheit erzeugen und da ihm etwas an seiner Frau liegt, wird er seinen lässigen Zugang zum Thema Ordnung überdenken und sich künftig Mühe geben, seiner Frau zu zeigen, dass er ihr Anliegen ernst nimmt. Vielleicht wird es ihm nicht immer gelingen, aber sie wird bemerken, dass er es versucht, und das stellt einen großen Unterschied zu seinem vorherigen Verhalten dar, ihr Anliegen einfach abzuwerten (»Bitte haben wir keine anderen Probleme am Montag um 6:30 Uhr in der Früh?!«).

Ich möchte mit Ihnen gern die Situation noch ein wenig weiterspinnen und Ihnen eine Empfehlung geben für den Fall, dass der Dialog nach der Anwendung der SVE-Methode nicht zu Ende ist und der Mann etwa sagt:

»Aber Schatz! Ich will dich doch nicht provozieren!«

Hier ist es nämlich wichtig, einen Satz nachzuziehen, der mit einem »W« beginnt. Denn auf W-Fragen lässt sich nicht mit Ja, Nein oder Vielleicht antworten, sie verlangen nach einer konkreten Erklärung. Das »W« zielt darauf ab, nicht in einer Sackgasse zu landen (»Du weißt genau was ich meine!«, »Lassen wir das!«, »Das ist doch sinnlos, mit dir darüber zu reden!« und so weiter).

Sie könnte nun also beispielsweise antworten:

»Woran kann ich denn erkennen, dass du mich nicht provozieren willst?«

Lassen Sie uns die SVE-Methode anhand eines ähnlichen Beispiels noch einmal gemeinsam durchdenken:

Er kommt nach einer Woche Dienstreise nach Hause, betritt die Wohnung, macht die Tür hinter sich zu und merkt sofort: Die Stimmung ist schlecht.

Er begrüßt seine Frau und fragt:

»Ist etwas?«

Sie antwortet:

»Nein. Wieso?«

Ab hier dreht sich die Schweigespirale. Man schweigt sich an, geht sich aus dem Weg. Irgendetwas ist in der Luft. Was das ist, wird sich Tage, Wochen, Monate oder schlimmstenfalls Jahre später (möglicherweise explosionsartig) offenbaren. Aber so weit wollen wir es nicht kommen lassen.

Also noch einmal von vorn:

Er kommt nach einer Woche Dienstreise nach Hause, betritt die Wohnung, macht die Tür hinter sich zu und merkt sofort: Die Stimmung ist schlecht.

Er begrüßt seine Frau und sagt:

»Du Schatz, ich merke, die Stimmung ist schlecht. Woran kann ich erkennen, dass das mit mir nichts zu tun hat?!«

Dann wird sie sagen:

»Es *hat* mit dir zu tun, weil du zum wiederholten Mal am Freitag, nachdem du eine ganze Woche lang nicht daheim warst, mit dem Mobiltelefon am Ohr zur Tür hereinschneist und uns das Gefühl gibst, dass du Wichtigeres zu tun hast, als bei deiner Familie zu sein!« oder, um beim ursprünglichen Beispiel zu bleiben,

»Es *hat* mit dir zu tun, weil du wieder einmal deine Socken auf der Couch liegen gelassen hast und die Zahnpasta-Tube nicht zugeschraubt und dich anschließend eine Woche auf Dienstreise begeben hast!«

Sie sehen also: Mit einer W-Frage bekommt man in der Regel einen ganzen Satz als Antwort und Sie bleiben im Dialog mit Ihrem Gegenüber. Sobald Sie mit Ja oder Nein antworten können, gibt es kein Gespräch mehr.

Auch wenn der Mann es nicht in böser Absicht macht oder es einfach nicht so ernst nimmt mit der Ordentlichkeit, die seiner Frau sehr wichtig ist, ist seine Ignoranz ihrem Anliegen gegenüber eine Abwertung. Wenn auch unabsichtlich, kränkt er damit seine Frau, und das ist der springende Punkt. Es spielt keine Rolle, ob mit Absicht oder nicht, das Resultat ist dasselbe, und auch der Grad der Kränkung spielt keine Rolle.

Die Kränkung nicht über sich ergehen zu lassen, sondern darzulegen, dass das Verhalten des Gegenübers verletzt, ist wichtig, denn Negativität fügt uns Schaden zu. Dazu ist es notwendig, mit seinem persönlichen Wertegerüst vertraut zu sein (siehe Seite 42), um rasch und schnell mit den richtigen Worten seine persönlichen Grenzen aufzeigen und dem Gegenüber für die Zukunft Orientierung liefern zu können.

Ein wichtiger Punkt ist außerdem eine rasche, am besten *sofortige* Reaktion. Wenn Sie beispielsweise in einem Meeting bloßgestellt werden und drei Wochen warten, das anzusprechen, ist das nicht besonders wirkungsvoll und damit wenig sinnvoll. Ihre Kränkung kann in diesen drei Wochen zu einer noch tieferen Kränkung heranwachsen, während der Mensch, der Sie gekränkt oder entwertet hat, das Geschehene möglicherweise schon vergessen hat. Somit wird es schwer werden, bei ihm Betroffenheit darüber auszulösen.

Mit der Beschreibung von Situation, Verhalten und zuletzt dem Aufzeigen des Ergebnisses (was löst dein Verhalten bei mir aus) ohne jegliche Bewertung erzeugen Sie beim Gegenüber Betroffenheit. Betroffenheit zeigt beim Gegenüber sehr viel mehr Wirkung als würden Sie etwa weinen, schreien, Türen zuschlagen oder gar körperlich angriffig werden. Denn das Gefühl trifft auf ihn selbst und er hat Leidensdruck. Er selbst ist betroffen.

❞ Ich habe die Geschäftsführerin eines Thermenhotels gecoacht und mitbekommen, dass sie sich so gut wie jeden Tag mit demselben Problem herumschlagen muss. Die Wasserwerte müssen in Einrichtungen wie dieser an jedem Tag um dieselbe Uhrzeit geprüft und eingetragen werden. Ihre Mitarbeiter hatten die entsprechende Dienstanweisung bekommen, die Messungen durchzuführen, die Werte in eine Liste einzutragen und ihr diese Liste an jedem Morgen vorzulegen, was an so gut wie keinem Tag des Jahres funktioniert hat. Weder fand sie die Werte in der Liste, geschweige die Liste auf ihrem Schreibtisch. Sie war verzweifelt und wütend und sagte mir, sie stünde bei Missachtung dieser Vorschrift als gewerberechtliche Geschäftsführerin dieses Hauses praktisch mit einem Fuß im Gefängnis, was sie auch ihren Mitarbeitern schon mehrfach kommuniziert hatte.

Ich fragte sie, woran es denn läge, dass ihre Anweisung nicht umgesetzt würde.

Sie erzählte mir von den immer gleichen Ausreden ihrer Mitarbeiter:

»Die Werte passen doch normalerweise« – »Wir hatten so viel wichtigere Sachen zu tun« – »Es ist sich schlichtweg noch nicht ausgegangen« und so weiter und so fort.

Ich fragte sie, wie es ihr mit dieser Situation gehe.

»Ich habe das Gefühl, meine Mitarbeiter denken sich: ›Die depperte Alte soll reden was sie will, uns ist das egal, wir sind ja nicht die, die ins Gefängnis kommen‹«, antwortete sie mir.

»Und weshalb sagen Sie das nicht genau so auch Ihren Mitarbeitern?«, fragte ich sie.

»Ich bitte Sie, damit schwäche ich mich doch selbst!«, meinte sie.

Wir haben uns dann darauf geeinigt, dass Sie die SVE-Methode ausprobieren würde, wozu sich bereits am nächsten Tag die

Gelegenheit ergab, denn die Wasserwerte waren natürlich wieder nicht da, wo sie sein sollten.

Sie holte also ihre Mitarbeiter zusammen und sagte zu ihnen:

»Die Wasserwerte haben heute Morgen schon wieder gefehlt, sowohl in der Liste als auch auf meinem Schreibtisch. Normalerweise höre ich an dieser Stelle alle möglichen Ausreden und Erklärungen, weshalb es sich heute wieder einmal nicht ausgegangen ist. Ich möchte Ihnen gern sagen, was Ihr Verhalten bei mir auslöst. Ich habe das Gefühl, Sie denken alle, ›Die depperte Alte soll reden was sie will, uns ist das egal, ins Gefängnis kommt sie und nicht wir‹!«

Die Mitarbeiter waren schockiert und betroffen:

»Aber Frau Direktor, das stimmt doch überhaupt nicht!!«

»Und woran kann ich erkennen, dass das nicht so ist?«, fragte die Direktorin.

Ich kann Ihnen verraten, dass die Wasserwerte von da an jeden einzelnen Tag zur Stunde pünktlich da waren, wo sie sein sollten: Auf der Liste und auf dem Schreibtisch der Frau Direktor.

Komplize Humor

Macht man den Humor aus unfreundlichen Beweggründen heraus zum Komplizen – man könnte auch sagen: missbraucht man ihn –, lässt er sich als subtiles Hilfsmittel bei der absichtlichen Verletzung und Abwertung anderer einsetzen. Der Entwerter ist schwer zu überführen, da er unter dem Deckmantel des Humors relativ sicher ist. Wie sollte man jemandem Böses unterstellen, der die Lacher auf seiner Seite hat? Diese Praktik fällt mir bei manchen Seminaren, insbesondere bei Teamcoachings, immer wieder auf. Viele der Teilnehmer scheuen die offene Konfrontation, vermeiden es, Unangenehmes direkt anzusprechen und verpacken ihre destruktiven Kommentare und ihren aufgestauten Ärger in einen Scherz, der den anderen entblößen, ihn vor Publikum abwerten soll. Wenn sich jemand uns gegenüber bewusst respektlos verhält, indem er sich in Gegenwart anderer auf unsere Kosten lustig macht, setzt er meist auf den Effekt, dass er die Lacher auf seine Seite bringt. Die Lacher sind gleichzeitig Zustimmer, die er für seinen Zweck instrumentalisiert, denn das Lachen aller zeigt in der Regel Wirkung bei dem, der abgewertet werden soll. Der Bloßgestellte sieht sich also nicht nur dem Entwerter selbst, sondern gleich einer ganzen Front an Entwertern gegenüber. Je mehr Wirkung der auf diese Weise Angegriffene erkennen lässt, desto besser für den Entwerter, denn das wollte er ja erreichen. Egal, in welchem Abhängigkeitsverhältnis wir zu unserem Entwerter stehen (Partner, Vorgesetzter, Mitarbeiter …), müssen wir uns dieser Dynamik entziehen und dürfen nichts mit uns machen lassen, was unserem Wertegerüst zuwiderläuft (siehe Seite 42).

Selbst wenn wir wissen, dass der Entwerter eine unerfreuliche Kindheit oder einen schlechten Tag hatte – all das hat nichts mit uns zu tun. Suchen Sie keine Entschuldigungen – Sie werden keine adäquate finden. Denn auch hier gilt: Verletzung bleibt Verletzung. Fassen Sie sich ein Herz und wenden Sie die SVE-Methode vor versammelter Truppe an. Sie werden ein Meer an Betroffenheit ernten. Oder nehmen Sie den (oder die) vermeintlichen Spaßmacher in der Pause zur Seite und bitten Sie ihn (oder sie, falls es mehrere waren) um eine kurze Unterredung:

»Mir ist heute Folgendes aufgefallen …« → **Situation**

»Wir führen eine Diskussion über ein sehr ernstes und mir wichtiges Thema und du beantwortest währenddessen deine Nachrichten auf diversen Kanälen, lachst dazwischen und machst von Zeit zu Zeit abwertende Witze über mich als Vortragende.« → Verhalten

»Du hast zwar die Lacher auf deiner Seite, aber ich möchte, dass du weißt, was dein Verhalten bei mir auslöst. Ich denke, du nimmst mich und meine Anliegen nicht ernst.« → Ergebnis

Bleiben Sie sachlich, bewerten Sie nicht und verweigern Sie dem Entwerter konsequent seinen Moment des Triumphs, denn wenn er den erst einmal bekommen hat, wird er möglicherweise auf den Geschmack kommen und bei der nächsten Gelegenheit wieder versuchen, Sie abzuwerten oder eine Kränkung anzubringen. Nur mit konsequentem Verhalten, Ihrem persönlichen Wertesystem konform, verschaffen Sie sich den notwendigen Respekt und schützen sich so vor wiederholten Entwertungen.

WUNDE PUNKTE – DIE WEISSEN FLECKEN AUF DER LANDKARTE UNSERES MITEINANDERS

»Die Kritik der anderen hat mich so tief getroffen, weil sie meinen eigenen Zweifeln entsprach.«
Max Schmeling, deutscher Schwergewichtsboxer, 1905 – 2005

❞ Wir waren beide im Unternehmen anwesend und telefonierten miteinander. Ein heikles Thema, bei dem der Vorstandsvorsitzende und ich unterschiedliche Standpunkte vertraten, und das Gespräch eskalierte. Plötzlich legte er ohne Vorwarnung auf. Ich schoss aus meinem Sessel, machte mich auf den Weg hinüber in sein Büro – in diesen Sekunden, in denen ich die rund 30 Meter zurücklegte, war ich über mich selbst erschrocken, in welcher Energie ich mich wiederfand, aber ich konnte nicht anders –, ich klopfte an, trat ein und sagte: »Wenn du mir noch einmal das Telefon auflegst, hast du in derselben Minute meine Kündigung auf dem Tisch!«

Ohne es zu wissen, hatte er mit diesem Verhalten einen falschen Knopf bei mir gedrückt, einen wunden Punkt getroffen.

Viele von Ihnen hätten an meiner Stelle gesagt: »Hm, jetzt hat er aufgelegt, jetzt bin ich ihm zu anstrengend geworden« oder etwas in der Art.

Es waren keine großen Traumen, die diese heikle Stelle bei mir ausprägten, vielmehr eine Reihe von negativ konnotierten Erfahrungen und Versuchen anderer, mich von der Kommunikation abzuschneiden (ich erzähle Ihnen gleich darüber).

Normalerweise kennen wir unsere wunden Punkte nicht oder nur in den wenigsten Fällen. Wir begegnen ihnen, wenn wir – so wie ich – in eine Situation kommen, wo sie sich plötzlich offenbaren, und häufig können wir daher keine Verbindung herstellen zwischen dem, was wir in diesem speziellen Moment fühlen und einem getroffenen wunden Punkt, der uns bisher verborgen geblieben war.

Heute kenne ich diese heikle Stelle bei mir sehr genau, ebenso wie ich meine Eigenheiten und Schwächen kenne. Damals war ich über mich und meine Reaktion schwer irritiert. Nicht nur ich, auch mein Vorstandsvorsitzender.

❞ Ein oder zwei Jahre nach diesem Vorfall kam ich in jenes Gebäude in meiner Heimatstadt Bad Ischl, in welchem unter anderem auch der Kindergarten untergebracht war. Es sah mittlerweile alles anders aus, aber es roch wie früher und alles war mir vertraut. Ich wusste genau, wo mein Platz gewesen war, wer neben mir gesessen hatte und welche Jause derjenige täglich eingepackt bekommen hatte – ein Stangenkäsebrot, das ich am liebsten jeden Tag eingetauscht hätte, aber meine Mutter bestand schon damals auf einer »gesunden Jause«, da war im Tauschgeschäft nicht viel zu machen.

Ich fand mich plötzlich vor einer großen Metalltür wieder, die in den Dachboden des Gebäudes führt und es kam folgende Erinnerung hoch: Die, die mich persönlich kennen, können sich vermutlich lebhaft vorstellen, dass ich schon als Kind eine extrovertierte Persönlichkeitsstruktur hatte und gern redete. Wenn ich als Kind unruhig und laut war, durfte ich im Kindergarten beim Krippenspiel nicht mitspielen und musste mich mit dem Gesicht in die Ecke stellen. Wenn ich aber in der Ecke auch nicht brav und still war und trotzdem in die Krippenspielproben hineingeredet habe und als Störenfried empfunden wurde, wurde ich hinter diese Metalltür gestellt, in der Hoffnung, ich würde von da aus nicht ständig stören. Ich war von der Kommunikation abgeschnitten, konnte die anderen nicht sehen und nicht mitreden, und das ist für mich bis heute ein Gefühl, mit dem ich mich nur sehr schwer arrangieren kann.

Sie sehen: Eine Kleinigkeit. Mit großer Wahrscheinlichkeit bin ich nicht der Einzige auf der Welt, der als Kind vom Krippenspiel ausgeschlossen wurde, weil er unruhig und laut war. Die meisten werden sich nicht einmal mehr daran erinnern, dass sie vielleicht irgendwann in die Ecke gestellt und von der Kommunikation abgeschnitten wurden. Bei mir ist es ein wunder Punkt, eine heikle Stelle, und ich denke, es hängt damit zusammen, dass die Kommunikation meine Berufung und meine Leidenschaft ist, was sich schon in sehr frühen Jahren herauskristallisiert hat. Kommunikation ist ein mächtiges Instrument und ich weiß recht genau, wozu Kommunikation im Negativen wie im Positiven fähig ist. Deshalb halte ich es auch für so immens wichtig, sich selbst und sein Wertesystem sehr gut zu kennen und zu wissen, mithilfe welcher Werkzeuge wir zu einem anerkennenden und friedlichen Miteinander finden können – sowohl in der alltäglichen und konfliktfreien Kommunikation als auch im Fall einer notwendigen Auseinandersetzung. Es geht darum, die eigenen Werte wertzuschätzen, indem wir sie kennen und verteidigen, und es geht darum, gegenseitig unsere Wertesysteme wertzuschätzen und sie zu respektieren, auch wenn sie sich nicht mit den unseren decken.

Die Dosis macht das Gift

Je niedriger unser Selbstwertgefühl ist und je weniger wir uns im Klaren über unser eigenes Wertegerüst sind – was lassen wir mit uns machen und was nicht –, umso angreifbarer sind wir. Jeder Mensch hat einen oder mehrere wunde Punkte. Bewusst oder unbewusst, gewollt oder nicht: Jeder von uns wurde schon einmal an seinem wunden Punkt getroffen und verletzt oder hat selbst jemanden gekränkt und – mit Absicht oder nicht – einen wunden Punkt des Gegenübers erwischt. Die Existenz wunder Punkte lässt sich ebenso wenig eliminieren wie die Tatsache, dass sie – absichtlich oder nicht – getroffen werden (können). Deshalb ist es so bedeutend unsere heiklen Stellen zu kennen. Es muss uns bewusst sein, dass wir den Grad der Kränkung selbst in der Hand haben; wir müssen genau wissen, wann wir auf die Einhaltung unserer individuellen Grenzen pochen müssen.

Es gibt eine unendliche Varianz an wunden Punkten: nicht ernst genommen zu werden, nicht gehört zu werden, auf bestimmte Ereignisse, Eigenheiten oder Verhaltensweisen angesprochen zu werden. Bei jenen, die gern verheiratet wären oder gern Kinder hätten, kann man mit der Frage nach dem Nachwuchs oder dem Partner einen wunden Punkt treffen. Die Palette an wunden Punkten reicht von vermeintlichen Kleinigkeiten bis hin zu schlimmen Ereignissen, Traumen wie körperliche Gewalt oder Kriegserfahrungen. Jede Kränkung, jeder getroffene wunde Punkt tut weh, aber den Grad der Verletzung haben Sie selbst in der Hand – denn häufig sind es die eigene Unfähigkeit, sich zur Wehr zu setzen und das damit einhergehende Gefühl, Negativität jeder Art vermeintlich schutzlos ausgeliefert zu sein, die am meisten schmerzen. Je länger Sie diesen Zustand der Ohnmacht ertragen und je öfter Sie Kränkungen zulassen, desto größer wird Ihr individueller Schmerzsee. Je größer der See, umso schwerer wird er auf Dauer zu managen sein. Je stärker Sie emotional getroffen sind, desto unfähiger sind Sie zu einer Reaktion. Die Dosis macht das Gift.

ABSCHÄTZIGE GESTIK UND MIENENSPIELE

»Das Gesicht ist das Abbild des Hirns,
die Augen sein Berichterstatter.«
Marcus Tullios Cicero, römischer Redner und
Staatsmann, 106 – 43 v. Chr.

Es sind die kleinen Gesten, die kränken und abwerten, und häufig ist uns gar nicht bewusst, dass wir diesbezüglich auch selbst in unbeabsichtigter Weise »Täter« sein können. Wie schnell schütteln wir über Gehörtes den Kopf oder schlagen mit einer dramatischen Geste die Hände vor das Gesicht! Wir rollen mit den Augen, winken ab, drehen uns um. Wechseln Sie die Seite und fühlen Sie sich in Ihr Gegenüber hinein: Vielleicht kennen Sie die Situation, in einer Besprechung gern zu Wort kommen zu wollen, vom Sitzungsleiter jedoch mit einer fahrigen Handbewegung zum Schweigen angehalten zu werden. Wild gestikulierende, kopfschüttelnde, die Hände vor das Gesicht schlagende, während der Reden der Opposition mit dem Mobiltelefon oder der Zeitung beschäftigte Politiker sind uns ebenfalls nicht fremd. Möglicherweise sind Sie Fußball-Fan, dann fällt es Ihnen vermutlich nicht schwer, Bilder von Trainern abzurufen, die nach einer vergebenen Torchance den Kopf schütteln, die Hände vor das Gesicht schlagen oder diese über dem Kopf verschränken, während sie sich von ihrer Mannschaft abwenden.

❞ Ich habe den Trainer eines deutschen Bundesliga-Vereins zu den Themen des Kommunikationsverhaltens (zu denen auch die Körpersprache zählt) gecoacht und von ihm immer wieder abschätzige Gesten und Mienenspiele während des Spielverlaufs wahrgenommen. In einem unserer Gespräche wandte ich die SVE-Methode (siehe Seite 67) an und sagte zu ihm:

»Wir hatten folgende Situation. Es gibt in der 87. Minute bei einem Stand von 1:1 eine einhundertprozentige Torchance, die der Spieler vergibt.« → **Situation**

»Dein Verhalten ist Folgendes: Du drehst dich um, blickst hilfesuchend zum Publikum, schlägst die Hände vors Gesicht, gehst hin und her, schüttelst den Kopf und deine gesamte Körpersprache drückt aus, was du für ein bedauernswerter und geplagter

Trainer bist, dessen Stürmer nicht einmal eine einhundertprozentige Chance verwertet.« → **Verhalten**

»Jetzt sage ich dir nicht, was es bei mir auslöst, sondern ich sage dir, was es bei deinem Spieler auslöst. Der bekommt das mit. Der dreht sich nämlich nach der vergebenen Chance zu dir um und sieht, wie du mit dem Rücken zum Spielfeld zu den Zuschauer-Tribünen gehst und mithilfe von Gesten und Gesichtsausdruck artikulierst: ›Was habe ich da für einen Deppen aufgestellt, der mir in der 87. Minute den Matchball vergibt!?‹.« → **Verhalten**

»Das ist eine tiefe Verletzung für deinen Spieler.« → **Ergebnis**

Die großen Erfolge blieben aus, die Misserfolge leider nicht, denn mein Coachee hatte aufgrund seines Verhaltens damals längst den Draht zu seinem Team und zu seinen Spielern verloren.

Abschätzige Körpersprache, Gestik und Mimik kränken und sind eine subtile Form der Abwertung und in der Folge auch der Aggression. Körpersprache, Gestik und Mimik sind eine sehr ehrliche Form der Kommunikation, denn sie offenbaren, wie wir *wirklich* über eine Situation denken. Bestimmt kennen Sie Momente, in denen bei einem Gegenüber das Gesagte nicht mit dem übereinstimmt, was Ihnen seine Körpersprache, seine Gestik und seine Mimik verraten. Wenn wir etwas ganz und gar nicht ehrlich meinen und wenn wir etwas sagen, während wir anders fühlen, wird unser Gegenüber dies bemerken. Ein wenig Kontrolle sollten wir aus Gründen der Wertschätzung deshalb schon walten lassen:

Es ist nicht notwendig, den Kopf zu schütteln, während ein Kollege in der Sitzung seine Argumente darlegt. Auch wenn Sie beide nicht der gleichen Meinung sind: Er wird merken, dass Sie ihm zuhören, Ihr wertschätzendes Verhalten wird die vielleicht aufgeheizte Atmosphäre sofort herunterkühlen und Sie können danach in aller Ruhe Ihre Sicht der Dinge präsentieren.

Es muss nicht sein, beim Fußballspiel über eine vergebene Chance zu schimpfen oder sich über den Einfädler im zweiten Durchgang des Slaloms in Kitzbühel lautstark aufzuregen. Kein Athlet, kein Sportler macht absichtlich Fehler.

Es nützt nichts, wenn Sie den Mittelfinger ausfahren und Ihr gesamtes Repertoire an Schimpfwörtern aus dem geöffneten Autofenster heraus zum Besten geben, weil Ihnen die Vorfahrt genommen wurde. Aggressives Verhalten lässt auf beiden Seiten die Emotionen hochkochen und das Ganze wird möglicherweise in einem Hupkonzert und mit gegenseitigen Anzeigen enden – wozu sollte das dienen? Mit hoher Wahrscheinlichkeit war keine Absicht hinter dem Vorfahrtsdiebstahl. Der andere wird Ihnen dankbar sein für Ihre schnelle Reaktion, mit der Sie einen Unfall vermieden haben und Ihnen vielleicht sogar eine entschuldigende Geste entgegenbringen.

Für ein wertschätzendes und gutes Miteinander ist es sehr hilfreich, sich bezüglich abwertender Körpersprache, Gestik und Mienenspiele selbst einer regelmäßigen Kontrolle zu unterziehen. Häufig fällt uns überhaupt nicht auf, dass wir abschätzig auf eine Situation reagieren. Oder wir stellen fest, dass wir körpersprachliche Gewohnheiten entwickelt haben, die sich bei kritischem Blick als entbehrlich herausstellen. Den Kopf schütteln, die Hände über dem Kopf zusammenschlagen, mit den Augen rollen, mit der Hand wedeln, den Mund verziehen, jemandem »den Vogel«, »den Scheibenwischer« oder den Mittelfinger zeigen und so weiter – das alles sind Gesten, die ein Gegenüber abwerten, eine feindselige Stimmung heraufbeschwören, die kränkend und beleidigend sind. Achten

Sie einmal ganz bewusst darauf, ob sich möglicherweise auch bei Ihnen ein Verhalten eingeschlichen hat, das Sie einer Kurskorrektur unterziehen möchten.

»Der dritte Mann«

Mein Vater hatte, als ich noch ein Kind war, die Angewohnheit, in meiner Anwesenheit über mich in der dritten Person zu sprechen, insbesondere, wenn er sich über mich geärgert hatte. »*Wir* haben ja wieder einmal geglänzt in der Schule ...«, sagte er gelegentlich zu meinem Onkel oder zu meiner Mutter. Oder: »Da waren *ihm* die Freunde wieder einmal wichtiger, als pünktlich zum Essen zu kommen.« Diese Situationen haben mich als Kind sehr berührt und gekränkt, aber ich wusste natürlich nicht, weshalb das so war, und ich konnte nicht benennen, was mich daran so störte. Heute weiß ich es, sehr genau sogar: Über jemand Anwesenden in der dritten Person zu sprechen ist für mich ein völlig unangemessenes Verhalten, denn es ist abwertend. In der heutigen Kommunikation, deren Tonfall in den vergangenen Jahrzehnten ein sehr viel rauerer geworden ist, hat es jedoch leider stark zugenommen.

Wozu dient es, über jemand Anwesenden in der dritten Person zu sprechen, wenn der ohnehin weiß, dass von ihm die Rede ist? Es ist beleidigend und abwertend, über den Kopf von jemandem hinwegzureden als sei er gar nicht da, und das ist durchaus so gewollt – das vorrangige Motiv ist es, das Gegenüber auf seine Fehlerhaftigkeit hinzuweisen. Die Abwertung wird feige über die Bande gespielt. Obwohl im Raum, wird er zum dritten Mann degradiert und da er nicht direkt angesprochen ist, muss er den Weg in die Kommunikation erst suchen, ihn sich erobern, da er ja nicht Teil des Dialogs ist. Vor Jahren habe ich deshalb einen Auftrag abgelehnt, was ich für gewöhnlich ausschließlich aus Kapazitätsgründen tue:

❞ Es ging darum, als Coach eine Scheidung und die damit verbundene Teilung des gemeinsamen und sehr erfolgreichen Unternehmens zu begleiten und zu mediieren. Der Ehemann war die treibende Kraft bei der Scheidung, über deren Notwendigkeit und Sinnhaftigkeit sich die Partner bereits einig waren. Ich war zunächst in einer Besprechung mit der Ehefrau, um den Auftrag grundsätzlich zu klären. Dann kam ihr Mann dazu und ich wäre gern vorgewarnt gewesen, dass dieser offensichtlich alle Konventionen in Sachen Respekt, Umgangsformen und hinsichtlich aller kommunikationsseitigen Belange negierte, denn er leitete grußlos und ohne sich vorzustellen (nun gut, ich konnte mir ja denken, wer hier im wahrsten Sinn des Wortes in den Raum polterte) das Gespräch mit folgendem an mich gerichteten Satz ein: »Können sie der Depperten erklären, dass ich hier das Sagen habe, auch wenn ihr das Gebäude gehört!?« Ich bat ihn, dass wir uns darauf einigen, seine Frau nicht als »die Depperte« anzusprechen und zumindest in meinem Beisein auf jede Form von Beleidigungen zu verzichten. Wir kamen nicht weit, denn bald hieß es: »Aber dafür ist sie ja zu deppert …« – »Wer denn?«, fragte ich. »Da steht sie doch!«, rief er, zeigte dabei auf seine Frau und schloss gleich die Frage an mich an: »Werden Sie jetzt auch noch deppert?«

Mir war in dem Fall relativ schnell klar, dass hier einige Einzelcoachings in Sachen respektvoller und sachlich orientierter Kommunikation bei schweren Konflikten vonnöten gewesen wären, bevor in ein Coaching zu Details der Firmenaufteilung übergeleitet werden könnte. Aber das wies der Mann kategorisch von sich. Ich versuchte es dennoch ein letztes Mal und kündigte an, den Auftrag abzulehnen und das Gespräch ohne jegliche weitere Diskussion abzubrechen, wenn er ein weiteres Mal von seiner hier anwesenden Noch-Ehefrau in der dritten Person spreche oder diese auf welche Weise immer beleidige. Wenige Minuten später war es selbstredend wieder so weit: »Vielleicht sind Sie in der Lage, ihr das zu erklären, weil zeitweise frage ich mich, wie die durch die Volksschule gekommen ist …«, hieß es. Wie erwähnt, habe ich den Auftrag nicht angenommen, auch um sicherzustellen, dass ich mit meiner Anwesenheit nicht auch noch Zustimmung zu seinem Wording signalisiere. Ich bin für so eine Kommunikationskultur nicht zu haben, das entspricht nicht meinem Wertesystem. Der Frau wollte ich zudem nicht das Gefühl geben, die Vorgehensweise ihres Mannes wäre auch nur annähernd akzeptabel, indem ich nicht auf sein Verhalten reagiere oder es in weiterer Folge hinnehme nach der Devise: »So ist er eben«.

Bei meinen Seminaren und Coachings fällt mir auf, wie geläufig die »Dritter-Mann-Taktik« ist. Wenn Coachees mit mir darüber sprechen, können Sie meist gar nicht benennen, was dieses Verhalten eines Gegenübers mit ihnen anstellt. Erst wenn wir diese Abwertungstaktik eingehend gemeinsam beleuchten, wird es ihnen bewusst. *It takes two to tango*, heißt es, zum Tangotanzen gehören zwei. Es braucht einen der führt und einen der sich führen lässt. Es braucht einen, der etwas macht und einen, der etwas zulässt. Schreiten Sie ein und ziehen Sie die Grenze, wenn jemand in Ihrem Beisein über Sie in der dritten Person spricht. Das geht ganz einfach, indem Sie die SVE-Methode (siehe Seite 67) anwenden:

»Du sprichst in meiner Anwesenheit in der dritten Person von mir.« (– Situation)

»Ich habe das Gefühl, du willst mich provozieren.« → **Verhalten**

»Ich fühle mich von dir absichtlich beleidigt.« → **Ergebnis**

Lassen Sie uns kurz die mögliche Anwendung der SVE-Methode der Ehefrau bei dem Auftrag (siehe Seite 86) durchspielen, den ich letztendlich abgelehnt habe. Sie hätte beispielsweise sagen können:

»Ich habe extra einen Profi eingeladen, der uns helfen kann, unser Unternehmen gütig aufzuteilen, sodass wir mit möglichst wenigen Verletzungen davonkommen.« → **Situation**

»Du sprichst in seiner Anwesenheit abschätzig über mich in der dritten Person.« → **Verhalten**

»Jetzt sage ich dir, was das bei mir auslöst. Bei mir löst es aus, dass ich denke, dir liegt überhaupt nichts an einer friedlichen Aufteilung unseres Unternehmens.« → **Ergebnis**

Der Mann könnte nun einwenden:

»Aber das stimmt doch überhaupt nicht!«

Dann ist es an dieser Stelle wichtig, eine W-Frage zu platzieren, nämlich beispielsweise:

»Woran kann ich denn erkennen, dass das nicht so ist?«

Um die SVE-Vorgangsweise abzuschließen, und nachdem sie Betroffenheit ausgelöst hat, könnte die Ehefrau sagen:

»Ich bitte dich nun, nicht mehr abschätzig und in der dritten Person von mir zu sprechen. Ich bitte dich, dass wir gemeinsam die Anwesenheit eines Profis nutzen, um unser Unternehmen so aufzuteilen, dass alle zufrieden sind.«

Die Frau wird mit der Anwendung dieser Taktik Betroffenheit beim Ehemann auslösen, denn seine – so wie ich ihn wahrgenommen habe, vermutlich beabsichtigte – Kränkung wird ins Leere gegangen sein. Dass er nicht konstruktiv an einer friedlichen Aufteilung des Unternehmens mitarbeitet – die ja selbstredend auch in seinem Sinne sein sollte –, sondern stattdessen den Fokus darauf legt, seine Frau vor Dritten zu beleidigen, ist nicht nur respektlos und abwertend, sondern entlarvt den Anwender außerdem in seinen Motiven – es geht nur an zweiter Stelle um die Sache, sondern zuvorderst darum, eine Kränkung anzubringen. Wenn dort etwas hilft, dann, beim Entwerter Betroffenheit zu erzeugen.

BESCHÄMUNG UND DEMÜTIGUNG

»Demütigungen sind schlimmer als Schmerzen.«
Talmud

Beschämung und Demütigung. Beides ist salonfähig geworden. Hätte mir vor zwei Jahrzehnten jemand prophezeit, dass ich diesen Satz einmal sagen oder schreiben würde – ich hätte ihm nicht geglaubt.

Beschämung und Demütigung sind nur unscharf voneinander abzugrenzen. Mit der Beschämung trifft man den Instinkt der Scham und die beschämte Person sieht sich mit Bloßstellung, Verletzung und Peinlichkeit konfrontiert.

Sehr viel früher war Beschämung fixer Bestandteil des Erziehungsrepertoires: Wenn ein Kind in das Bett genässt hatte und zur Strafe – obwohl es dem Windelalter schon entwachsen war – eine Windel tragen musste oder einen kräftigen Klaps auf den Hintern bekam. Wenn ein Kind die Turnsachen zu Hause vergessen hatte und es in der Unterhose die Turnstunde bestreiten musste, war das ebenfalls ein gängiges Mittel, die Schüler dazu zu bringen, die Sportsachen ab nun nicht mehr zu vergessen. Wie wirksam im negativen Sinn diese Methode war, zeigt sich schon daran, dass viele Kinder den Eltern gegenüber verschwiegen haben, dass sie in der Unterwäsche mitturnen mussten – sie haben einen Fehler gemacht und die Turnsachen daheim vergessen, und dieser Fehler wurde mit Beschämung und Demütigung bestraft. Was so schmerzhaft ist, verschweigt man lieber und versucht, es zu vergessen – die Verletzung bleibt, der Stachel sitzt mitunter tief und ich kann mir durchaus vorstellen, dass manche Auswirkungen solcher Erziehungsmethoden bis ins Erwachsenenalter reichen.

Die Lust an der Bloßstellung

Scham kommt von innen, die Beschämung von außen. Der Begriff des Fremdschämens ist ein geflügelter Begriff geworden, und unsere Gesellschaft scheint eine Art Sucht danach entwickelt zu haben. Kämpften die Gladiatoren in den Arenen früher um ihr Leben und um ihre Freiheit, so kämpfen die modernen Gladiatoren in unzähligen Fernsehformaten um Wertschätzung, um Anerkennung und um Lob. Während wir gebannt auf die Bildschirme starren und vom Fremdschämen nicht genug bekommen können, lassen die Teilnehmer dafür so gut wie jede Form der Entwertung, Abwertung, Demütigung über sich ergehen, die man sich ausdenken kann.

Der eiskalte Blick auf jede Unzulänglichkeit, auf jeden Fehler und das erbarmungslose Aufdecken und Bloßstellen stehen im Mittelpunkt dieser Sendungen. Jemanden niedermachen, um ihn danach wieder aufzubauen. Wie gesund sind wir eigentlich?

Ich erinnere mich gut an jene Staffel der Unterhaltungssendung *Dancing Stars* im Jahr 2019, in der der ehemalige Politiker und heutige PR-Manager und Buchautor Stefan Petzner einer der Kandidaten war. Ich erinnere mich aus einem bestimmten Grund an ihn. Nicht etwa, weil er Woche für Woche die schlechtesten Jurywertungen in der Geschichte der Sendung einfuhr und von manchen Jurymitgliedern Kritiken abbekam, die aus meiner Sicht in sehr vielen Fällen weit außerhalb der Grenze des Zulässigen, Wertschätzenden und Anständigen waren. Auch wegen seiner tänzerischen Leistung ist er mir nicht unbedingt in Erinnerung geblieben – man konnte kaum hinsehen, so schlecht hat er getanzt. Beides hätte ich in der Zwischenzeit vermutlich längst vergessen. Aber er ist mir in Erinnerung geblieben, weil er Woche für Woche von der Jury mit großer Vehemenz etwas einforderte, das eine Selbstverständlichkeit in unserer Gesellschaft sein sollte: Anerkennung und Wertschätzung dafür, dass er hart trainiert und sich wirklich bemüht hatte. Es spielte keine Rolle, ob sich das ausgezahlt hatte oder nicht. Er hatte sich bemüht und wurde dennoch von der Jury beschämt und gedemütigt. Jurymitglieder haben sich auf seine Kosten lustig gemacht, die Lacher auf ihre Seite gezogen und er hatte völlig recht: Das war nicht in Ordnung.

Wenn in Unterhaltungssendungen mit dermaßen großen Reichweiten Abwertung, Demütigung, Beschämung, Beleidigung und ähnliche kränkende Verhaltensweisen toleriert werden und sogar Applaus, Lacher, stattliche Sympathiewerte und besonders hohe Einschaltquoten dafür der Lohn sind, müssen wir uns nicht wundern, wenn so ein Verhalten Schule macht. Wir müssen uns nicht wundern, wenn unsere Kinder Videos oder Bilder von entblößenden, beschämenden oder demütigenden Handlungen an anderen hochladen, um sie einem noch größeren Publikum zugänglich zu machen. Darauf kommen sie nicht von allein. Das haben sie von klein auf mitbekommen, sie haben gelernt, dass dieses abartige Verhalten sogar Stärke und Macht beweist. Sie wähnen sich als die Stärkeren, als Sieger in einem Ungleichgewicht von Machtverhältnissen – Fairness und Menschlichkeit sind da keine selbstverständlichen Werte mehr.

Wir ergötzen uns daran, dass jemand Fehler macht oder Schwächen zeigt – dieses Verhalten ist inzwischen in der Mitte unserer Gesellschaft angekommen, wird gutgeheißen, indem es toleriert wird, und es wird von unseren Kindern kopiert. Ich halte das für eine äußerst bedenkliche und bedrohliche Tatsache.

Suchtmittel Skandale

Für Medien waren *Bad News* immer schon wichtig – »*Only bad news are good news*« sagt man in den USA –, denn je größer der Skandal oder die Katastrophe, desto höher die Auflagenhöhe beziehungsweise die Einschaltquoten und die Aufmerksamkeit. Die Digitalisierung in der Kommunikation hat neben den grandiosen Möglichkeiten, die die weltweite Vernetzung bringt, jedoch Schattenseiten. Aus der Ferne am Bildschirm lässt sich die Lust am Beleidigen, am Beschämen, am Diffamieren und Verlachen nach Herzenslust ausleben. Cybermobbing, verbale Bösartigkeit statt tätlicher Aggression, anonyme Hinterhältigkeit statt offener Gegnerschaft. Das hat manchmal tragische Folgen: Immer wieder hören wir von Menschen, die Selbstmord begehen, weil sie in beschämenden Momenten gefilmt oder fotografiert worden sind und das Video oder das Foto sich in Windeseile verbreitet hat. Junge Menschen verschweigen oft aus Scham das Geschehen, auch vor Eltern oder Vertrauenspersonen. Und selbst wenn den Erziehungsberechtigten bewusst sein sollte, dass man gegen den Aggressor (denjenigen, der Video oder Bild ohne Zustimmung der aufgenommenen Person beziehungsweise gegen deren Willen verbreitet hat) gesetzlich vorgehen kann, wird zumeist Abstand davon genommen. Zum einen um eine Re-Traumatisierung des Kindes zu verhindern und zum anderen, weil das Geschehene ohnehin nicht rückgängig zu machen ist, und manchmal einfach aus Bequemlichkeit und natürlich – aus Scham.

Sprachwissenschaftler bestätigen übrigens eine zunehmende Radikalisierung der Sprache. Das kann mit der digitalen Beleidigungskultur zusammenhängen, aber auch damit, dass man sich durch die Informationsflut hindurch mit einer kräftigen Ausdrucksweise Gehör verschaffen möchte. In der fünften Woche des ersten Lockdowns in Österreich aufgrund der Corona-Pandemie berichteten Sprachforscher jedoch, dass sich in Kanälen der Sozialen Medien (Twitter, Facebook, Instagram ...) nachgewiesenermaßen der Tonfall stark verändert hatte: Die positiven Begriffe überwogen plötzlich deutlich, die Meldungen aufgrund von Beiträgen, die gegen die Facebook-Gemeinschaftsstandards verstießen (Hass-Postings aller Art), waren dramatisch zurückgegangen. Es hat den Anschein, dass in einer Zeit, in der alle gleichermaßen von einer Krise betroffen, verunsichert oder verängstigt sind, der Wunsch nach Wertschätzung, Ermutigung, nach Positivem und nach einem guten Umgang miteinander wieder sehr viel mehr an Bedeutung bekommt. Es ist schade, dass es dafür eine Pandemie braucht, aber es ist eine schöne Entwicklung und bestätigt, dass wirklich alles auch sein Gutes hat.

Öffentliche Hinrichtungen reloaded

»Die Sau durchs Dorf treiben« – nach einer Deutung bezieht sich diese Redewendung auf die mittelalterliche Schandstrafe, bei der die Delinquenten als Schwein verkleidet durch die Straßen getrieben und von den Zaungästen beschimpft wurden, was viel Aufmerksamkeit und Spott zur Folge hatte. »Morgen wird eine andere Sau durchs Dorf getrieben« bringt in der heutigen Zeit zum Ausdruck, dass eine Sache – meist von größerem medialem Interesse – bald vergessen ist, denn morgen gibt es schon wieder einen anderen Skandal. Was tröstlich klingt, hat einen traurigen Hintergrund. Denn bei Skandalen oder Prozessen, bei denen die allgemeine Aufmerksamkeit sehr hoch ist, kommt es mir so vor, als unterschieden sich die brachialen Gebräuche im Mittelalter nicht sehr wesentlich von den heute üblichen »Schauprozessen«, in denen es zusätzlich zur Vorverurteilung zu einer öffentlichen Herabwürdigung, Bloßstellung und Demütigung der Betroffenen kommt. Bei Prozessen, die viel mediale Beachtung erfahren, ist das Urteil der Allgemeinheit meist längst gesprochen, und selbst wenn der Prozessausgang einen Freispruch hervorbringt, ist die verlorengegangene Würde der Betroffenen nicht so ohne Weiteres (wenn überhaupt) wieder herstellbar. Entwürdigung und Zurschaustellung scheinen für uns adäquate Mittel geworden zu sein, unterschiedlichste Fehlverhalten (in unseren Augen) in einen Topf zu werfen und unter Missachtung aller menschlichen Prinzipien »Angeklagte« in allen Lebensbereichen abzuurteilen, zu verunglimpfen und zu demütigen.

Verwechseln Sie nicht Antipathie mit tatsächlicher Schuld – seien Sie kein Teil dieser modernen Hexenjagden. Ich halte es für wichtig, aufzustehen und einzuschreiten, wenn Beschämung und Demütigung vor unseren Augen andere treffen. Ich möchte nicht Teil einer Gesellschaft sein, für die Fremdschämen zur Sucht wird und für die das Sichergötzen an Schwächen anderer unwidersprochene Normalität ist, denn ich halte Moral für einen Wert.

Wenn Sie Beschämung oder Demütigungen ausgesetzt sind, gilt dasselbe wie bei allen anderen Formen der Abwertung: Sie entscheiden, wie weit das Gegenüber mit seinen Aktionen an Sie herankommt, Sie allein entscheiden, was Sie verletzt und was nicht. Bestimmt kennen Sie die Bodyscanner auf den Flughäfen, wo man mit gespreizten Beinen und vom Körper abgewandten Armen für wenige Momente steht und rundherum digital auf Waffen, Sprengstoff und so weiter abgetastet wird. Vorher standen Sie noch Schlange, auch während Sie Ihr Handgepäck, Ihren Gürtel, Schmuck, Computer, Ihre Kamera und alle Flüssigkeiten in die Boxen zum Scannen gepackt haben. Bestimmt kennen Sie auch die Situation, wenn besonders ungeduldige oder nervöse Fluggäste den Sicherheitsabstand außer Acht lassen und Ihnen unangenehm nahekommen, Sie vielleicht sogar anrempeln. Wenn der Bodyscanner an der Reihe ist, sind Sie in Sicherheit. Sie haben Abstand zu allen anderen. Und diesen imaginären Abstand müssen Sie in der schmerzhaften Situation von Abwertungen, Demütigung und Beschämung herstellen. Strecken Sie die Hand aus, strecken Sie Ihrem Gegenüber die Handfläche entgegen und lassen Sie nicht zu, dass Ihnen jemand näherkommt als diese Armlänge – egal ob Sie diesen Abstand real oder nur in Gedanken herstellen. Sie werden sehen, dass dieser Abstand enorm hilfreich ist, den Überblick über die Situation wiederzufinden und die Lufthoheit über das Geschehen zurückzuerlangen. Wenn Sie darauf abzielen, das destruktive Verhalten des Gegenübers abzustellen, hilft aus meiner Erfahrung heraus weder Konfrontation noch Gegenwehr, sondern wiederum, Betroffenheit auszulösen und dafür auf die SVE-Methode zurückzugreifen (Seite 67).

DIFFAMIERUNG UND MOBBING

»Mobbing ist eine Krankheit, der nur mit fristloser Entlassung beizukommen ist.«
Peter E. Schumacher, Publizist und Aphorismensammler, 1941 – 2013

Als Diffamierung bezeichnet man allgemein die üble Nachrede und gezielte Verleumdung. Dies kann mithilfe von Schimpfwörtern oder Unterstellungen aller Art geschehen. Die dabei angewendeten Methoden haben stets den Zweck, den Betroffenen in der Gesellschaft bloßzustellen, ihn zu entwerten, zu kränken, zum Schweigen zu bringen oder gar zu ruinieren.

Die moderne Form des Beschädigens einer Person innerhalb ihrer Zugehörigkeit (Unternehmen, Verein, Schule, Freundeskreis …) und der Attacken auf ihren Selbstwert und ihr Ansehen ist das Mobbing, insbesondere das Cybermobbing. Weil sich üble Nachreden jeglicher Art oft im Hintergrund und in der Anonymität abspielen, sind sie schwer zu bekämpfen. Mit Mobbing haben die Gepflogenheiten vom Hühnerhof Einzug in unserer Mitte gehalten: Wer anders ist, sich nicht fügt oder sich aus welchen anderen Gründen auch immer als Opfer eignet, wird drangsaliert und verpickt. Das schlägt sich auch in der Sprache nieder: »Du Opfer« ist eine gängige Beleidigung unter jungen Leuten geworden.

Ich stelle immer wieder fest, dass Mobbing nach wie vor ein sehr missbräuchlich verwendeter Begriff ist, denn nicht immer, wenn uns etwas gegen den Strich geht, handelt es sich um Mobbing. Es gibt Menschen, die bekommen nicht zum gewünschten Zeitpunkt Urlaub und halten das für Mobbing, obwohl der Vorgesetzte die Entscheidung hinreichend begründet hat. Umgekehrt wiederum gibt es eine sehr hohe Dunkelziffer von *echten* Mobbingopfern, denn dem Mobbing wohnt inne, dass die Opfer beschämt sind, den Weg an die Öffentlichkeit scheuen und die Ursache für dieses verletzende und destruktive Verhalten häufig und typischerweise bei sich suchen.

Unter Mobbing versteht man gemeinhin, dass jemand – zumeist in der Schule oder am Arbeitsplatz – fortgesetzt geärgert, beleidigt, schikaniert, blamiert, gemieden und mithilfe verschiedener Methoden in seiner Würde verletzt und gekränkt wird. Mobbing ist das wiederholte und regelmäßige – vorwiegend seelische, aber auch körperliche – Schikanieren, Quälen und Verletzen eines Menschen durch andere. Die Handlungen wiederholen sich, das ist das Typische am Mobbing. Bei einer einzelnen Handlung lässt sich also noch nicht sofort auf Mobbing schließen. Mobbingverhalten kann verbal (Beschimpfung), nonverbal (das absichtliche Vorenthalten von wichtigen Informationen) oder körperlich (Handgreiflichkeiten, Zufügen physischer Verletzungen) stattfinden. Das Besondere beim Mobbing ist, dass es dafür üblicherweise keine Rangunterschiede benötigt.

» Ich hatte den Fall, dass Mitarbeiter ihren Vorgesetzten gemobbt haben (der sich dann von mir coachen ließ) und mithilfe einer perfiden Fachkompetenzfalle beinahe seine Kündigung erreicht haben. Sie bauten in der Bilanz einen Rechenfehler ein, ließen ihn mit den manipulierten Unterlagen und Zahlen zur Vorstandssitzung gehen und dort ein positives Ergebnis präsentieren, um Tage danach »den Fehler zu enthüllen«. Das in der Realität deutlich schlechtere Ergebnis und die Präsentation völlig falscher Zahlen vor der Eigentümerversammlung kostete meinen Kunden einen guten Teil seiner Reputation (denn plötzlich hatten die Eigentümer nicht über Investitionen zu befinden, sondern sich mit einem Mitarbeiterabbau auseinanderzusetzen, und bestimmt haben sich die Eigentümervertreter gefragt, ob hier der richtige Mann an der richtigen Position sitzt), von den Auswirkungen auf seine Psyche ganz zu schweigen – und beides ist nach so einer Attacke auf die Fachkompetenz und Würde nicht mehr rückstandslos sanierbar.

Der Vorgesetzte wurde in seiner Führungs- und seiner Fachkompetenz unterwandert und das zu reparieren, ist praktisch aussichtslos, wenn man vor allem die böse Absicht nicht eindeutig nachweisen und den tatsächlichen Feind (es waren ja mehrere Personen daran beteiligt, sonst wäre das nicht möglich gewesen) nicht zweifelsfrei identifizieren und enttarnen kann.

Mobbing – eine »Kunst« der schwächsten Stunde

Mobbing ist ein Thema, das mir in meiner Arbeit extrem häufig begegnet. Sehr oft findet es subtil und versteckt statt, in Form von Cybermobbing unter Pseudonamen, in Form von anonymen Nachrichten, in Form von vorsichtig und wiederholt platzierten Beleidigungen und Schikanen. Aufgrund der neuen Möglichkeit der Anonymität wurde an Vehemenz, Härte und Schärfe deutlich draufgepackt, im Gegensatz zu früher, als der Begriff Mobbing noch unbekannt war und man davon sprach, jemandem »einen Streich zu spielen«. Unter dem Deckmantel der Anonymität haben die »Streiche« an Herzlosigkeit und Brutalität zugelegt. Die Mobber fühlen sich in ihrer Bosheit und Negativität wohl, es fällt ihnen leicht, denn es geht vielen von uns leider sehr spielerisch von der Hand, das Negative zu finden, wunde Punkte aufzuspüren, zu wittern, wo der andere verletzbar und angreifbar ist; darauf sind wir gepolt, das haben wir von klein auf gelernt. In dem Moment, wo den Mobbern eine Verletzung gelingt, fühlen sie sich in ihrer eigenen Schwachheit überlegen. Wie der Neid hilft ihnen ihre Destruktivität dabei, sich für einen kurzen Moment besser zu fühlen. Das hält natürlich nicht lange an, denn der Schmerz des Gemobbten lässt ihre eigene Schwäche nicht verschwinden, und deshalb wiederholen sie ihre Kränkungen und Schikanen.

Ich habe es schon kurz angesprochen: Das Thema Mobbing begegnet mir in meiner Arbeit häufig in der Form, dass meine Kunden davon überzeugt sind, gemobbt zu werden, was sich bei näherer Analyse dann aber als irrige Annahme herausstellt. Wie gesagt: Nicht immer, wenn uns etwas nicht gefällt, handelt es sich automatisch gleich um Mobbing. Dass aber so schnell (sehr viel schneller als noch vor ein paar Jahren) das Thema Mobbing im Raum steht, zeigt die hohe Sensibilisierung der Menschen auf dieses weit verbreitete Phänomen, was grundsätzlich eine gute Sache ist, denn sollte sich der Verdacht einmal bewahrheiten, kann früh dagegen angesteuert werden. *Eine einzige Handlung*, die dem vermeintlichen Opfer zuwiderläuft, ist allerdings noch kein eindeutiges Anzeichen für Mobbing. Auch wenn der Vorgesetzte regelmäßige Berichterstattung zum Projektfortschritt verlangt, kann hier noch nicht ohne Weiteres auf eine schikanierende Absicht geschlossen werden – möglicherweise hat der Mitarbeiter die Angewohnheit zur Ungenauigkeit oder zum Aufschieben und muss daher entsprechend eng geführt werden.

Wenn Sie das Gefühl haben, Mobbingopfer zu sein oder wenn Sie mitbekommen, dass jemand von Mobbing betroffen sein könnte, rate ich inständig dazu, in der Minute tätig zu werden. Als Außenstehender ist es wichtig, für keine der Seiten Partei zu ergreifen. *Audiatur et altera pars* – gehört werde auch der andere Teil, heißt es im Lateinischen. Bei gezielten Mobbinghandlungen ist jedoch Eingreifen angesagt, und zwar an Ort und Stelle: »Ich finde es nicht in Ordnung, dass …« Sprechen Sie Zeugen direkt an und beziehen Sie sie mit ein: »Was sagst du dazu?« Gezieltes Mobbing *muss* Konsequenzen haben. Das gilt auch, wenn Sie Ihre Kinder dabei ertappen, wenn sie bei Mobbingverhalten mitmachen. Jeder hat aus meiner Sicht die Verpflichtung einzugreifen, sobald er mitbekommt, dass gemobbt wird (Eltern, Lehrer, Erziehungsberechtigte, einfach jeder). Nicht umsonst ist Cyber-Mobbing seit 1. Jänner 2016 ein eigenständiger Straftatbestand (wie übrigens auch Mobbing).

❞ Ich begleitete ein Team von Juristen, die alle schon lang im Unternehmen sind. Einer der Juristen saß seit zwanzig Jahren im selben Raum am selben Schreibtisch. Seit zwanzig Jahren hatte er außerdem eine mündliche Homeoffice-Regelung. Aufgrund von Umstrukturierungen und einem Vorgesetztenwechsel musste er in ein anderes Büro wechseln und bekam in diesem

Zuge auch eine neue, weniger flexible und diesmal schriftliche Homeoffice-Regelung. Der Jurist hielt sich für ein Mobbing-Opfer. Ich kann Ihnen sagen, dass dieser Sachverhalt so weit von Mobbing entfernt war und ist wie meine berufliche Tätigkeit von der ausübenden Herzchirurgie.

Wenn ich es hingegen mit echtem Mobbing zu tun habe, bin ich regelmäßig fassungslos, mit welcher Kälte und Skrupellosigkeit bei völliger Absenz von Unrechtsbewusstsein die Mobber vorgehen. Solange sie ihr Opfer leiden sehen, geht es ihnen gut, wenn der Effekt nachlässt, wird nachgelegt. Ständig gärt in ihnen das Negative, das Böse. Könnten sie nur einmal die Seite wechseln und sich selbst von außen betrachten – ich kann mir gut vorstellen, dass dieser unschöne Anblick zu einem Umdenken und einer Verhaltensänderung führen würde. Typischerweise sind übrigens diejenigen, die selbst Mobber sind oder waren, unglaublich schnell darin, sich selbst als Mobbingopfer zu deklarieren. Permanent ausgeübte Negativität schadet und bringt nichts Gutes, weder bei den Opfern noch bei den Tätern.

SELBST-DOWNGRADING

»Zu viele Menschen bewerten zu stark,
was sie nicht sind, und zu wenig, was sie sind.«
Malcolm S. Forbes, Verleger, 1919 – 1990

Es gibt eine nahezu unendliche Reihe an Gegenspielern, die ein wertschätzendes Miteinander stören, indem sie auf das Negative und das, was nicht passt, abzielen.

Lassen Sie uns eine Liste machen und auf einem Blatt Papier auf der linken Seite alle Maßnahmen, Verhaltensweisen, Methoden und so weiter aufzählen, die uns einfallen, wie wir einander das Leben *leichter, angenehmer, erträglicher* machen können. Auf der gegenüberliegenden rechten Seite führen wir bitte alles an, was uns einfällt, wie wir einander das Leben *schwerer, unangenehmer, unerträglicher* machen können. Ich gehe jede Wette ein, dass die rechte Seite diejenige mit sehr viel mehr Begriffen ist. Versuchen Sie es! Zum Abschluss der Übung bitte ich Sie, im Sinne meines Anliegens und im Sinne des Kernthemas meines Buches die linke Seite mit den positiven Begriffen auf Gleichstand zu bringen!

Ich habe mich in meinem Buch auf jene Gegenspieler konzentriert, die mir in meiner Berufslaufbahn am häufigsten begegnet sind, mir am verbreitetsten erscheinen und für die ich mir wirksame Gegenmaßnahmen und Gegengifte aneignen und zum Teil selbst entwickeln durfte. Einer der unbeugsamsten und widerständigsten Gegenspieler sind wir selbst. Wer von Kindesbeinen an auf den Fokus geprägt wurde, sich auf Fehler zu konzentrieren, ist nicht selten sein eigener größter Widersacher. Manche mobben sich regelrecht selbst – ich nenne das Selbst-Downgrading, womit ich zum Ausdruck bringen will, dass sich jemand selbst heruntermacht, sich seines Wertes nicht bewusst ist, die tollen und positiven Dinge an sich gar nicht mehr zu sehen imstande ist – Selbst-Downgrading, die Konsequenz jahrzehntelang eingebläuter Neun-Richtig-Eins-Falsch-Ideologie.

Wertschätzung, Anerkennung und Lob sind zentrale Bedürfnisse von uns Menschen. Das gilt für unser Privatleben gleichermaßen wie für unser Berufsleben. Wir möchten wahrgenommen werden, wir möchten, dass unsere Leistungen geschätzt werden, wir erwarten Resonanz zu unserer Person und unseren Verdiensten und wir wollen Dankbarkeit für das erfahren, was wir geben und leisten.

Der Schlüssel für ein wertschätzendes Miteinander liegt sowohl im Außen als auch im Innen. Was wir über uns selbst denken, beeinflusst unsere Worte und Handlungen sowie unsere Außenwirkung. »Achte auf deine Gedanken, denn sie werden Worte. Achte auf deine Worte, denn sie werden Handlungen. Achte auf deine Handlungen, denn sie werden Gewohnheiten. Achte auf deine Gewohnheiten, denn sie werden dein Charakter. Achte auf deinen Charakter, denn er wird dein Schicksal.« – Das Zitat stammt aus dem Talmud, der mündlichen Lehre der Gesetze und der religiösen Überlieferungen des Judentums, und besser kann man es nicht ausdrücken. Nur wenn wir uns auch selbst wertschätzend begegnen, können wir das erfolgreich nach außen tragen. Wir müssen also bei uns selbst anfangen, denn wir befinden uns in einer verborgenen Wechselwirkung mit unserer Umgebung, und unsere Einstellung zu uns selbst beeinflusst sie weitaus mehr als uns meist bewusst ist. Wenn wir uns selbst nicht wertschätzen, wird das auch unser Umfeld nicht tun. Deshalb ist es wichtig, diese Systematik zu erkennen und dafür zu sorgen, dass wir uns selbst in positivem, in »grünem« Licht sehen.

Machen Sie bitte Folgendes: Halten Sie die linke Hand mit dem Daumen nach oben vor ihrer Brust. Gehen Sie mit Ihrem linken Arm nach oben zur rechten Schulter. Halten Sie Ihre Handfläche ca. zehn Zentimeter über Ihrer rechten Schulter. Lassen Sie die Hand nach unten auf ihre Schulter fallen und klopfen Sie dreimal darauf. Loben Sie sich selbst – finden Sie einen Grund!

Ein kleines Stück Magie – Das Gesetz der Anziehung

Jeder von uns hat ein Selbstkonzept – das, kurz gesagt, alles enthält, was wir über uns selbst denken. Wir haben eine ziemlich feste Meinung von uns, kein Wunder, mit niemand anderem haben wir mehr Zeit verbracht als mit uns selbst. Das Selbstkonzept beschreibt, wie wir uns selbst aktuell einschätzen. Falls es dem eines erfolgreichen Menschen entspricht, denken, sprechen und handeln wir auch so. Gleiches gilt für den umgekehrten Fall, wenn wir uns beispielsweise als Pechvogel und Versagertyp sehen.

Und jetzt kommt scheinbar Magie ins Spiel. Denn die Menschen verhalten sich uns gegenüber so, wie wir es erwarten.

Ich möchte Ihnen kurz das Gesetz der Anziehung (*law of attraction*), auch Resonanzgesetz, vorstellen (wenn Sie es nicht schon kennen). Als Resonanzgesetz wird die Annahme bezeichnet, dass Gleiches Gleiches anzieht. Diese Vorstellung bezieht sich speziell auf das Verhältnis zwischen der Gedanken- und Gefühlswelt einer Person und ihren äußeren Lebensbedingungen. Das Resonanzgesetz geht von einer Analogie zwischen Innen- und Außenwelt aus. Diese Analogie soll nutzbar gemacht werden, indem man durch eine Änderung der persönlichen Einstellung zu gegebenen äußeren Umständen eine analoge Änderung dieser Umstände im gewünschten Sinne herbeizuführen versucht. Anders gesagt: Es macht einen Unterschied, was Sie über sich denken oder welche Bedeutung Sie bestimmten Ereignissen geben. Unsere Gedanken über uns selbst fördern und unterstützen uns – oder sie ignorieren uns und werten uns ab. Was wir über uns selbst denken, beeinflusst unsere Körpersprache, unsere Gestik, unsere Mimik, die Wahl unserer Worte und nicht zuletzt unsere Handlungen.

Selbst wenn wir uns bemühen, anders zu erscheinen, als wir uns tatsächlich fühlen, kann unser Gegenüber das in der Regel entschlüsseln (siehe Seite 83). Es klappt nur in den seltensten Fällen, selbstbewusst aufzutreten, wenn man sich verängstigt, schlecht vorbereitet oder krank fühlt.

Wir haben also großen Einfluss darauf, ob wir Wertschätzung und Positives im Leben erfahren. Wir müssen uns selbst hochachten und diese Wertschätzung nicht nur in Handlungen nach außen tragen, sondern insbesondere mithilfe unserer Haltung und Einstellung spür- und sichtbar machen.

Ich bitte Sie, eine kleine Übung mitzumachen: Schreiben Sie Ihren Familiennamen (wenn dieser maximal sechs Buchstaben hat, dann schreiben Sie bitte auch den Vornamen auf) auf ein Blatt Papier, und zwar Buchstabe für Buchstabe einzeln von oben nach unten. Suchen Sie nun für jeden einzelnen dieser Buchstaben eine Ihrer positiven Eigenschaften oder eine Ihrer Stärken und schreiben Sie diese neben den Buchstaben. Also: Buchstaben vertikal, die dazugehörigen Stärken horizontal.

Wie ging es Ihnen bei der Suche nach positiven Begriffen über sich selbst? Wenn ich die Übung in meinen Seminaren mache, fällt mir jedes Mal auf, welche Mühe die Teilnehmer zum Teil damit haben, zu jedem Buchstaben eine positive Eigenschaft zu finden oder eine Stärke zu beschreiben. Manchmal ist die Zusammensetzung in meinen Seminaren so, dass sich die Anwesenden untereinander kennen (das ist zum Beispiel bei Unternehmen der Fall), und da lasse ich die Übung auch wechselseitig machen. Die Teilnehmer suchen also für ihr jeweiliges Gegenüber positive Eigenschaften zu dem jeweiligen Buchstaben – und auch für sich selbst. Ich kann Ihnen sagen, und es wird Sie vielleicht nicht überraschen: In jedem Fall sind die Seminarteilnehmer mit dem Finden der positiven Eigenschaften zu ihrem Gegenüber wesentlich schneller fertig als mit jenen, die sie über sich selbst nennen können!

Ich rege auch immer dazu an, die ausgehändigten Zettel unbedingt aufzubewahren, sie vielleicht irgendwo aufzuhängen, im Schreibtisch oder an einem Ort zu platzieren, wo immer wieder der Blick darauf fällt. Ich höre häufig, wie gerührt die Menschen sind, wenn sie die Liste mit ihren eigenen positiven Eigenschaften lesen. In Momenten, in denen Sie gerade nicht sehr überzeugt sind von sich selbst, kann dieser Zettel wahre Wunder wirken!

»Heut' bin i wieder herg'richt!«

Ich habe eine Kundin, die eine der führenden Medizinerinnen an dem Krankenhaus ist, in dem sie arbeitet. Sie genießt internationalen Ruf und hat mit Abstand die umfassendste Ausbildung unter den Kollegen. Sie hat einen ausgeprägt liebenswerten und wertschätzenden Charakter und ist eine ausgesprochen attraktive Person. Wir vereinbaren in regelmäßigen Abständen Coachings und da kommt es häufig vor, dass sie erst kurz vor unseren Terminen eine schwierige und lange Operation oder eine anstrengende Nachtschicht beendet hat. Das sieht man ihr nicht an, ihre Erscheinung ist immer makellos. »Meine Güte, heut' bin i wieder herg'richt!«, ruft sie mir oft schon von Weitem entgegen – was in Teilen Österreichs so viel bedeutet wie »Heute sehe ich wieder schrecklich aus!« –, während ich angestrengt versuche, irgendeinen Makel an ihrer Erscheinung auszumachen.

Sie sagt das nicht, um Komplimente einzuholen. Im Gegenteil, denn die wehrt sie geradezu vehement ab, wie ich mehrmals beobachten konnte. Sie ist tatsächlich überzeugt davon, nicht das optimale Bild abzugeben und findet immer etwas an sich, von dem sie denkt, dass es nicht passt.

❞ Einer meiner Coachees hat in der Zeit, in der dieses Buch entstand, einen Mega-Deal für sein Unternehmen an Land gezogen. Monatelange Vorbereitung einer wirklich eindrucksvollen Innovation, akribisches Arbeiten, eine imponierende Kreativ-Leistung und eine tolle Kundenpräsentation wurden belohnt und der Auftrag ging an das Unternehmen, für das mein Coachee arbeitet. Ich habe mich sehr für ihn gefreut und ihm aufrichtig gratuliert. »Naja, da hatte ich wirklich Glück an dem Tag, dass einer der Entscheidungsträger so auf meiner Seite war und sich sehr für das Thema interessiert und sich auch schon damit beschäftigt hat!«, spielte er seinen eigenen Erfolg sofort herunter. »Nein«, habe ich zu ihm gesagt, »das war kein Glück, das waren Sie, und bitte spielen Sie Ihre eigene Leistung nicht herunter!«

Der erste Schritt zur eigenen Wertschätzung ist es, sich auf frischer Tat beim Selbst-Downgrading zu ertappen. Das ist oft nicht so leicht, denn manchmal geschieht diese Selbstmanipulation in Bruchteilen von Sekunden, wenn negative Gedanken über uns selbst durch unser Gehirn huschen, die wir kaum bewusst wahrnehmen, sondern nur mehr ihre schwächende Wirkung spüren. Die wiederum wirkt sich aus: in Körpersprache, Gestik, Mimik, Haltung. Aber je mehr wir dieser inneren Stimme nachgehen und uns an ihre Fersen heften, desto deutlicher werden wir sie mit der Zeit wahrnehmen. Es kann sein, dass Sie erstaunt sind, was Sie über sich selbst denken: »Ich bin völlig unpassend gekleidet«, »Hier sind alle so viel besser als ich«, »Ich bin die Schwächste in der Runde«, »Ich bin nicht so kreativ wie die anderen«, »Hoffentlich blamiere ich mich nicht wieder«, »Das schaffe ich sicher nicht« und so weiter und so fort. Wir können völlig mitleidslos sein, wenn es um uns selbst geht.

Wenn Sie die negativen Gedanken erst einmal isolieren konnten, empfehle ich Folgendes. Fragen Sie sich: Was nützt mir der Gedanke jetzt? Macht er glücklich, stark, entschlossen, mutig? Hilft er, Ziele zu erreichen, Visionen zu realisieren? Löst er ein angenehmes Gefühl in mir aus? Lautet die Antwort Nein, verbieten Sie sich diesen Gedanken, respektive hilft es in den meisten Fällen, ihn einfach umzuformulieren. Denken Sie etwa vor einer Prüfung »Das schaffe ich sicher nicht«, motiviert Sie das mit hoher Wahrscheinlichkeit nicht sonderlich beim Lernen und bei den Vorbereitungen – entsprechend wird das Ergebnis Ihrer Bemühungen sein. Bauen Sie sich selbst auf – motivieren Sie sich und denken Sie dabei an das Gesetz der Resonanz (siehe Seite 104): Was Sie über sich denken, tragen Sie nach außen und wenn Sie überzeugt davon sind, bei einem Vorhaben zu scheitern, wird das sehr wahrscheinlich auch passieren.

Die größte Zahl – Ein kleiner Ausflug in die Mengenlehre

Sich selbst aufbauen, sich selbst motivieren. Das klingt leicht dahingesagt für jemanden, der das nicht kennt oder nicht gelernt hat, das ist mir völlig bewusst. Aber es ist tatsächlich nicht schwer! Meinen Coachees – und nun auch Ihnen – zeige ich anhand der größten Zahl, einer Spielform der Mengenlehre, wie es geht.

❝ Zu meinem vierzigsten Geburtstag habe ich einen Feuerlauf geschenkt bekommen. Auf glühenden Kohlen gehen, wie sollte das möglich sein? Für mich war damals ausnahmslos eins und eins zwei, und nun sollte ich nach halbtägiger Vorbereitung barfuß über 800 Grad heiße Kohlen laufen. Zehn Meter ist prinzipiell nicht weit, aber je nach Untergrund kann einem das sehr, sehr weit erscheinen. Als ich das Geschenk einlöste und es so weit war, dass wir im Seminar konkret darüber sprachen, was dort auf mich und auf die anderen Teilnehmer zukommen würde, hielt ich es für ausgeschlossen, das zu schaffen.

Dann fiel mir etwas ein.

Das Gesetz der größten Zahl. Die macht zwar nicht die Wahrheit, wie Huldrych Zwingli (Theologe, Humanist und Reformator, 1484 – 1531) sagte, denn auch die Mathematik muss sich immer wieder dem Zufall beugen, aber eine gewisse Häufigkeit und Mehrheit reicht mir persönlich völlig aus, um daraus abzuleiten, ob ich mich bei einer Sache sicher fühle oder nicht. Was ich hier etwas umständlich formuliere, will ich Ihnen gern in einfachen Worten erklären:

Ich fragte den Seminarleiter, Dr. Kurt E. Schweighart, wie viele Personen im Jahr es bei seinen Seminaren schaffen, über diesen Teppich aus glühenden Kohlen zu laufen. Damals erlebte diese Art von Seminaren einen großen Boom, und allein bei Dr. Schweighart waren es rund 500 Teilnehmer, was bedeutete, es mussten mehrere tausend Personen weltweit sein. Also dachte ich mir Folgendes:

Es gibt überhaupt keinen Grund, weshalb ich das heute nicht schaffen sollte, wenn es so viele andere schaffen!

Und ich habe Recht behalten, auch ich bin über den Teppich aus glühenden Kohlen gelaufen.

Wenn heute tausende Schüler zum Abitur antreten, gibt es keinen Grund, weshalb Ihr Junior das nicht auch schaffen sollte.

Wenn Sie das Rauchen oder Trinken oder eine sonstige ungesunde Angewohnheit hinter sich lassen möchten – es gibt keinen Grund, weshalb Sie das nicht, wie so viele andere, ebenfalls schaffen sollten!

Sie sind Führungskraft und müssen zehn Prozent Ihres Personals abbauen. Es gibt weltweit tausende Unternehmen, die vor einem schmerzhaften Einschnitt wie diesem und vor derselben Herausforderung stehen. Es gibt keinen Grund, weshalb Sie das nicht in der bestmöglichen Weise schaffen sollten.

Sie sind Mitarbeiter und Ihrem Unternehmen geht es nicht gut. Deshalb werden Veränderungen notwendig sein, und auch Sie werden von diesen Veränderungen betroffen sein. Es gibt überhaupt keinen Grund, weshalb Sie das nicht schaffen sollten, denn es gibt weltweit abertausende Menschen, die dasselbe durchmachen, oft sogar mehrmals im Laufe ihres Berufslebens.

Ihnen steht eine Prüfung bevor? Sie sind um keinen Deut dümmer, schlechter oder unbeholfener als die anderen Prüflinge. Es gibt also überhaupt keinen Grund, weshalb Sie diese Prüfung nicht schaffen sollten. Natürlich immer unter der Voraussetzung, dass Sie sich gewissenhaft darauf vorbereitet haben. So war es auch beim Feuerlauf. Wir wurden stundenlang genau darauf vorbereitet.

Sie haben eine Operation vor sich. Es handelt sich um einen Eingriff, der in diesem Krankenhaus mehrmals in der Woche durchgeführt wird, und es gab bis dato nicht einen dokumentierten schweren Zwischenfall. Weshalb sollten ausgerechnet Sie es sein, der nicht mehr aus der Narkose aufwacht? Die

Angst, aus einer Narkose nie wieder aufzuwachen, ist wahrscheinlich so alt wie die Narkose selbst. Aber solche Narkosezwischenfälle kommen heute kaum noch vor. Das Risiko, aus einer Narkose nicht mehr aufzuwachen liegt bei 0,008 – 0,009 Prozent und ist damit kaum höher als im wachen Zustand.[1]

Sie sollen eine Rede bei einem feierlichen Anlass halten und meinen aber, Sie seien kein großer Redner? Eine Rede zu halten, stellt für Sie geradezu die Höchststrafe dar? Wie viele Reden werden täglich bei feierlichen Anlässen von Menschen gehalten, die ebenso wenig versiert darin sind wie Sie, und die das ebenso wenig gern machen wie Sie? Aus welchem Grund sollte ausgerechnet Ihre Rede, die Sie sorgfältig vorbereitet und geprobt haben, völlig danebengehen?

Ziehen Sie die große Menge jener heran, die etwas schon geschafft haben. Die nicht gescheitert sind. Denen bewusst war, dass es vielleicht nicht perfekt werden wird oder die diesen Anspruch von vornherein gar nicht verfolgt haben, aber die sich getraut haben, es zu versuchen. Und wenden Sie Ihren Blick ab von dem Einen unter Zigtausenden, bei dem es möglicherweise schiefgegangen ist – uns an »dem Einen« zu orientieren, das ist es nämlich, was wir ständig tun, denn das ist es, was wir gelernt haben (neun richtig, eins falsch).

Andere downgraden

»Was für eine tolle Person«, »Großartiger Vortrag«, »Ich kenne niemanden, der das besser kann« – wer so über seine Mitmenschen spricht und das auch ehrlich meint, ist ein zufriedener und wertschätzender Charakter. Wie wir andere wahrnehmen und uns über sie äußern, sagt viel über unsere eigene Persönlichkeit aus.

»Alles Idioten«, »Die haben überhaupt keine Ahnung«, »Fahrlässig, unverantwortlich«, »Völlig inkompetent« – Sie alle kennen Menschen, die andere prinzipiell negativ wahrnehmen und das auch Dritten gegenüber (natürlich ausschließlich in Abwesenheit der abzuwertenden Person) so artikulieren.

Die Gründe für die herablassende Haltung seinem Umfeld gegenüber können vielfältig sein, haben aber immer ihre Wurzel im Persönlichkeitsbild des Downgraders. Viele Eigenschaften, die er anderen unterstellt, sieht er insgeheim bei sich selbst und wie der Neider versucht er, sich selbst besser zu fühlen, indem er andere schlecht redet. Weshalb er sich nicht schwertut damit, negative Eigenschaften zu finden, die er anderen zuschreiben könnte, wissen wir: So wie er (hoffentlich) gelernt hat, sich vor dem Niesen wegzudrehen und bei Rot nicht über die Straße zu laufen, hat er gelernt, das Negative zu suchen und zu finden. Und er findet immer etwas. Er ist außerdem davon getrieben, dass er sich klar besser wähnt als die anderen, deshalb wird er immer auch etwas finden, das der andere schlechter macht als er, um sich selbst in hellerem Licht erstrahlen zu lassen.

Wir sind selbst nicht davor gefeit, dieser Prägung nachzugeben und es passiert auch uns möglicherweise unbewusst, dass wir andere abwerten, wenn wir diesem Impuls nicht entgegensteuern.

Positiv-Tage

Es gibt Sporttage, es gibt Fleischtage, Nichtrauchertage, Fischtage, Null-Euro-Tage – Tage, die einem bestimmten Thema gewidmet sind. Meistens geht es darum, neue Gewohnheiten zu entwickeln oder Gewohnheiten abzulegen. Bauen Sie Positiv-Tage in Ihre Alltagsroutine ein!

Nehmen Sie sich vor, am heutigen Tag einmal ausschließlich auf das Positive zu blicken – bei Ihnen wie auch bei anderen. Stellen Sie sich bitte vor, Sie haben Hemden zur Reinigung gebracht, die Sie gern am Freitagabend abgeholt hätten. Der Mitarbeiter in der Reinigung konnte es Ihnen nicht versprechen, aber Sie haben sich vorgenommen, trotzdem am Freitagabend vorbeizusehen, ob es sich möglicherweise doch hat machen lassen. Sie rechnen nicht damit und sind positiv überrascht, dass die Hemden tatsächlich fertig sind. Üblicherweise nehmen Sie die Hemden entgegen, bezahlen diese und gehen. Machen Sie es diesmal bewusst anders, auch wenn Sie ein anderer Mitarbeiter bedient. »Danke, dass es sich ausgegangen ist, ich weiß das echt zu schätzen.«

Wenn Ihnen ein Freund erzählt, dass er bei seinem Ausbildungskurs als einer der Besten abgeschnitten hat, freuen Sie sich mit ihm, denken Sie an Ariane und fragen Sie *bitte nicht*: »Wer war der Beste?« Freuen Sie sich mit ihm und artikulieren Sie das bewusst: »Meine Hochachtung vor deiner Leistung. Nicht nur, dass du den Kurs berufsbegleitend absolviert hast, verdient ein dickes Lob, sondern auch, dass du so großartig abgeschnitten hast!«

Sie werden im Alltag unendlich viele Möglichkeiten dazu haben: beim Bäcker, bei der Schuhreparatur, in der Reinigung, im Büro (bedanken Sie sich der Reinigungskraft dafür, dass Sie jeden Tag in der Früh einen sauberen Arbeitsplatz vorfinden), im Autobus (bedanken Sie sich beim Chauffeur dafür, dass er wirklich jeden Tag gute Laune hat und an keinem einzigen Tag griesgrämig ist).

Trainieren Sie das ganz bewusst, und Sie werden sehr bald bemerken, dass die positive Resonanz (innen wie außen) Ihr Interesse am Negativen nach und nach schwinden lässt. Und noch etwas werden Sie feststellen. Sie werden sich wohlfühlen. Sie werden feststellen, welch große Freude es bereitet, jemandem ein ehrlich gemeintes Kompliment zu machen oder ein freundliches Wort an jemanden zu richten und festzustellen, dass der sich von Herzen darüber freut und Ihre positive Rückmeldung auch anzunehmen weiß. Sie werden feststellen, dass Sie auch selbst vermehrt Komplimente bekommen und positive Resonanz erfahren.

Wenn jemand zu mir sagt: »Vielen Dank, dass Sie das möglich machen konnten!«, weiß ich das zu schätzen. Ich habe Kunden, die sagen zu mir: »Wir wissen zu schätzen, dass Sie immer freundlich sind, wenn Sie zu uns kommen!« So selbstverständlich Freundlichkeit sein sollte, so schön ist es doch, rückgemeldet zu bekommen, dass die Freundlichkeit bemerkt wird und positive Wirkung entfaltet.

Nehmen Sie sich vor, an einem Tag Ihrer Wahl einmal nur auf das Positive zu blicken, es bewusst zu artikulieren (für sich oder noch besser anderen gegenüber) und das Negative einmal ganz bewusst beiseitezulassen. Sie werden feststellen, dass es anfangs gar nicht einfach ist, aber sobald Sie merken, wie gut Ihnen das tut, wird es von Mal zu Mal leichter. Dieses neue Denken ist natürlich nicht von heute auf morgen umgestellt, denn es ist über Jahre und Jahrzehnte anerzogen. Probieren Sie es einmal einen halben Tag, dann einen ganzen Tag, verkürzen Sie irgendwann die Abstände. Sie bekommen zurück, was Sie aussenden.

ZUSAMMENFASSUNG UND EMPFEHLUNGEN

Wirksame Verhaltensweisen und Gedanken, die Sie kennen sollten!

- Permanenter Negativität ausgesetzt zu sein, fügt Ihnen Schaden zu! Was lassen Sie zu und wie und mit welchen Mitteln halten Sie dagegen? – Sie haben die Wahl. Dafür müssen Sie mit Ihrem Wertesystem vertraut sein und Ihre Grenzen kennen. Wer sein Wertegerüst, seine wunden Punkte und Schwächen nicht kennt, ist Negativität weitgehend schutzlos ausgeliefert und wird nicht angemessen gegensteuern können.
- Fragen Sie sich: Wer oder was hält Sie davon ab, Verletzungen entgegenzuwirken? Auf diese Frage gibt es in der Regel nur eine Antwort: Sie selbst sind es, der aus unterschiedlichen Gründen entschieden hat, untätig zu bleiben. Sie allein haben es in der Hand, Veränderung herbeizuführen!
- Fragen Sie sich: Wer oder was kann Sie davon abhalten, Ihre Wahrheit, Ihre Werte zu leben und diese einzufordern, wenn Sie bereit sind, die Konsequenzen zu tragen? Wir selbst sind es in der Regel, die entschieden haben, *gegen* unsere eigene Wahrheit, *gegen* unsere eigenen Werte zu leben und wir selbst sind es, die wir uns *dagegen* entschieden haben, diese konsequent einzufordern. *Sie* haben es in der Hand, Veränderung herbeizuführen!
- Fragen Sie sich: Was ist das Schlimmste, das Ihnen passieren kann und halten Sie das aus? »Das Schlimmste« tritt meistens nicht ein und verliert oft seinen Schrecken, wenn man es bewusst visualisiert.

- Neid resultiert stets aus dem Gefühl der Unterlegenheit und der eigenen vermeintlichen Schwäche – wir werten ab, was wir an anderen bewundern. Lernen Sie, ein konstruktives Verhaltensmuster anzuwenden, sobald Sie Neid verspüren. Jemand hat etwas, das Sie auch gern hätten? Gehen Sie davon aus, dass der andere tüchtig ist und sich das Beneidete erarbeitet und verdient hat. Nehmen Sie das als Ansporn und fragen Sie sich: »Was muss ich tun, um das auch zu bekommen?«
- Halten Sie sich fern davon, andere abzuwerten, es tut Ihnen nicht gut. Was uns unangenehm wäre oder gar verletzen würde, sollten wir auch anderen Menschen nicht zumuten.
- Machen Sie sich nicht auf Kosten anderer lustig – lachen Sie auch nicht mit, wenn andere das tun!
- Machen Sie keine Scherze über jemand anderen, Sie wissen nicht, welchen Knopf Sie drücken.
- Verinnerlichen Sie sich das SVE-Modell, damit Sie es griffbereit haben, wenn Sie es brauchen.
- SVE – Situation. Verhalten. Ergebnis.
  Schritt 1: Beschreiben Sie die Situation – »Wir sind beim Essen gesessen. Es wurde etwas erzählt.« → **Situation**
  Schritt 2: Beschreiben Sie das Verhalten des Kränkenden – »Dein Verhalten war, dass du plötzlich über mich etwas erzählt hast, das nicht für die Allgemeinheit bestimmt war.« → **Verhalten**
  Schritt 3: Sagen Sie dem Kränkenden, was sein Verhalten in Ihnen auslöst – »Du stellst mich vor unseren Freunden bloß, und das hat mich zutiefst verletzt und beschämt.« → **Ergebnis**

- Wir sind nicht immer Opfer, sondern manchmal auch Täter. Wenn es einmal passiert ist, wenden Sie die 3 Schritte der Entschuldigung an:
  → Schritt 1: Beschreiben Sie, was Sie sehen – »Ich sehe, ich habe dich verletzt.«.
  → Schritt 2: Teilen Sie mit, wie es Ihnen damit geht – »Es tut mir aufrichtig leid und es wird nicht mehr vorkommen.«
  → Schritt 3: Stille – mehr können Sie nicht tun – lassen Sie es gut sein!
- Vermeiden Sie abschätzige Körpersprache, Gestik und Mimik und unterziehen Sie sich diesbezüglich regelmäßig einer Selbstkontrolle. Achten Sie ganz bewusst darauf, ob sich bei Ihnen möglicherweise ein Verhalten eingeschlichen hat, das Sie einer Kurskorrektur unterziehen möchten. Ziehen Sie sich mental auf eine Beobachtungsposition zurück und achten Sie darauf, ob sich Ihre Körpersprache und Ihre Mimik decken (oder ob man Ihnen eben ansieht, dass Sie etwas massiv nervt, während Sie das Gegenteil artikulieren). Diesbezüglich können Sie auch jemanden fragen, der Sie gut kennt (»Merkt man mir an, wenn mich etwas nervt?«).
- Sprechen Sie nicht in der dritten Person von jemandem, der anwesend ist. Arbeiten Sie mit dem SVE-Modell, wenn man in Ihrem Beisein über Sie in der dritten Person spricht.
- Wann auch immer Sie gekränkt, beleidigt, entwertet werden: Wenden Sie das SVE-Modell an, denn wenn etwas hilft, so ist es Folgendes: Sie müssen Betroffenheit beim Entwerter erzeugen, und zwar nahe am Geschehen.

- Entwickeln Sie eine kritische Haltung gegenüber den modernen Hexenjagden. Seien Sie kein Teil davon.
- Bei Mobbing gilt die Verpflichtung, einzugreifen!
- Lernen Sie, sich selbst wertzuschätzen! Klopfen Sie sich regelmäßig selbst auf die Schulter!
- Die große Zahl: Eine Menge Menschen wird dieses Buch lesen. Weshalb sollten ausgerechnet Sie es sein, der *nicht* von diesem Text profitiert und in dessen Miteinander es danach *kein* großes Plus an Positivem zu verzeichnen gibt?!
- Nähren Sie Ihren eigenen Selbstwert nicht mit den Schwächen und Niederlagen anderer. Wie wir andere wahrnehmen und uns über sie äußern, sagt viel über unsere eigene Persönlichkeit aus.

Zutaten für ein gutes Miteinander

»Das Lächeln, das du aussendest,
kehrt zu dir zurück.«
Sprichwort aus Indien

ERNTEN, WAS WIR SÄEN

Was wir säen, ernten wir, heißt es sinngemäß schon in der Bibel. Wer Wind sät, wird Sturm ernten. Was wir in Umlauf bringen, kommt zu uns zurück. – Meine jahrzehntelange Berufserfahrung hat mich auf viele Menschen treffen lassen, bei denen ich erlebt habe, dass unendlich viel Wahrheit in all diesen Zitaten steckt, und auch ich selbst habe immer wieder die Erfahrung gemacht, dass man das, was man aussendet und was man ausstrahlt, von seinem Umfeld zurückbekommt. Manchmal unmittelbar (ein Lächeln oder eine Freundlichkeit), manchmal später (wer als Misanthrop, als Menschenfeind, durch das Leben geht, wird selbst wenig aufrichtige Zuneigung erfahren, sondern sich in einem Umfeld wiederfinden, das von Angst und Abneigung ihm gegenüber geprägt ist).

Ernten, was man sät. Den meisten von Ihnen fällt in diesem Zusammenhang sofort eine Person ein, auf die das zutrifft, und viele von Ihnen haben sicher selbst schon die Erfahrung gemacht, dass zurückkommt, was man aussendet. Dieser Umstand birgt Tröstliches in vielerlei Hinsicht, denn er stellt Gerechtigkeit in Aussicht, wenn wir uns schlecht behandelt fühlen und er deutet an, dass wir es selbst in der Hand haben und es in unserer Macht liegt, welches Verhalten uns von unserem sozialen Umfeld entgegenkommt – unser eigenes Benehmen und Handeln spiegelt sich demnach einfach wider. Wer Hass sät, wird Hass ernten – ein gutes Miteinander ist keine Raketenwissenschaft, im Gegenteil, es braucht nicht viel. Wenn wir andere behandeln, wie wir selbst behandelt werden möchten, sind wir auf einem sehr guten Weg.

WERTSCHÄTZUNG

»Im Grunde sind es doch die Verbindungen mit Menschen, die dem Leben seinen Wert geben.«
Wilhelm von Humboldt, preußischer Gelehrter, Schriftsteller und Staatsmann, 1767 – 1835

Ich werde immer wieder nach dem Unterschied zwischen Anerkennung und Wertschätzung gefragt. Wertschätzung ist ein nahezu inflationär gebrauchter Begriff und wird häufig mit Lob, Anerkennung, Respekt, Freundlichkeit und Wohlwollen gleichgesetzt. In jedem Fall ist damit eine positive Bewertung eines Gegenübers gemeint.

Wertschätzung ist aus meiner Sicht eine Grundhaltung, mit der man durchs Leben geht. Es gibt also eine grundsätzlich wertschätzende Einstellung sowie das Ausdrücken von Wertschätzung, und ich denke, das gehört zusammen. Jemand, der über keine wertschätzende Grundhaltung verfügt, wird kaum auf die Idee kommen, Wertschätzung auszudrücken. Wertschätzung ist etwas sehr fein Gewobenes, das keinen konkreten Anlass braucht. Wertschätzung bedeutet »Danke, dass du in meinem Leben bist«, »Danke, dass Sie heute bei uns sind«, und sie ist – anders als Lob und Anerkennung – nicht mit einer bestimmten »Leistung« des Gegenübers verbunden.

»Schön, dass Sie da sind« – wenn uns bei der Parkplatzeinfahrt des Supermarktes dieses Schild erwartet, löst das ein gutes Gefühl und eine freundliche Grundstimmung in uns aus. Es gibt ein Co-Packing-Unternehmen mit Sitz in Karlsruhe und der österreichischen Tochterfirma im Süden von Wien, das ein Display im Eingangs- und Wartebereich installiert hat. Jeder Kunde oder Lieferant, der den Betrieb betritt, kommt daran vorbei, und ich kann aus eigener Erfahrung sagen, dass es eine extrem positive Stimmung in mir verbreitet, wenn mir auf dem Bildschirm entgegenstrahlt: »Heute bei uns zu Gast: Peter Zulehner – schön, dass Sie da sind!«

Wenn mir zu Beginn der jeweiligen Tagesseminare bei einer großen Modekette vom Verantwortlichen, nachdem er mich begrüßt und den Teilnehmern vorgestellt hatte, mit einem herzlichen »Schön, dass Sie heute wieder bei uns sind« das Wort erteilt und die Gruppe überlassen wurde, löste das ebenso jedes Mal ein Gefühl der Freude über die entgegengebrachte Wertschätzung in mir aus, das mich sofort mit einer *noch* motivierteren Grundstimmung in das Seminar starten ließ.

In meinen Seminaren gebe ich immer wieder gern die Empfehlung, dem Partner zur Abwechslung einmal nicht »Ich liebe dich!« zu sagen, sondern: »Schön, dass du in meinem Leben bist.« Ich kann nicht ausschließen, dass sich der oder die Angesprochene möglicherweise verwundert fragt, was denn in Sie gefahren ist, ob Sie etwas angestellt haben oder etwas durchzusetzen versuchen, wo Sie Widerstand erwarten. Vielleicht löst diese Anregung in meinen Vorträgen bei den Zuhörern deshalb oft belustigtes Schmunzeln aus – nur so eine Vermutung. Bitte versuchen Sie, sich die Situation herbeizudenken, wenn Sie Ihrem Partner sagen: »Schön, dass du in meinem Leben bist.« Sehen Sie vor Ihrem geistigen Auge und spüren Sie, was passiert? Jemanden zu lieben und ihm das zu sagen, gehört zu den schönsten Dingen im Leben. Aber jemandem zu sagen, dass es schön ist, ihn in seinem Leben zu haben, drückt so viel mehr aus. Ich halte »Schön, dass du in meinem Leben bist« für die größere Liebeserklärung, denn »Ich liebe dich« bringt *unsere eigene* Gefühlslage zum Ausdruck und ist weniger umfassend. Probieren Sie es aus – Sie werden staunen, was dieser Satz Schönes in Ihnen und bei Ihrem Partner bewirkt!

Ich möchte gern noch einmal auf meine Aussage zurückkommen, Wertschätzung sei eine Haltung, eine Einstellung. Lassen Sie mich ein wenig genauer erklären, was ich damit meine: Wertschätzung bedeutet für mich unter anderem nämlich auch, den anderen so zu nehmen, wie er ist und nicht, wie man ihn gern hätte (siehe auch Seite 204). Das gilt in der Partnerschaft, im Miteinander, im Berufsleben.

» Ich erinnere mich an eine Begebenheit in einem Friseursalon, in dem ich gerade als Kunde zugegen war, als eine ältere Dame den Salon betrat. Sie wurde von der jungen Mitarbeiterin an der Rezeption freundlich grüßend in Empfang genommen, ihr wurde der Mantel abgenommen, ein Kaffee angeboten und sie wurde zu ihrem Platz geführt, wo die Stylistin bereits auf sie wartete. Während die Dame ihren Platz einnahm, den Kaffee serviert und den Schutzmantel umgelegt bekam, sagte sie zur Stylistin: »Jetzt gibt es DIE bei meinem Friseur auch schon …« – mit einem abschätzigen Gesichtsausdruck und mit Blick auf die junge Mitarbeiterin, die sie zuvor begrüßt hatte und die ein Kopftuch trug, das sichtbar ein Ausdruck ihrer Kultur und kein modisches Accessoire war. Die Stylistin, die gleichzeitig die Storemanagerin ist, antwortete: »Ja. Und Sie werden es nicht glauben: Sie ist einer unserer talentiertesten Lehrlinge und wird Ihnen nach unserem Beratungsgespräch anschließend gleich die Haare waschen …«

Das Verhalten der Kundin offenbart eine wenig wertschätzende Grundhaltung – die Reaktion der Salonleiterin auf den Untergriff der Kundin zeugt hingegen nicht nur von hoher sozialer Kompetenz und guten Führungsqualitäten, sondern bringt auch einen sehr hohen Grad an Wertschätzung der jungen Mitarbeiterin gegenüber zum Ausdruck, die nicht nur einen guten Job macht, sondern der die Salonleiterin damit signalisieren will: »Schön, dass du da bist. Mit oder ohne Kopftuch. Wir nehmen einander, wie wir sind.«

In meinen Seminaren projiziere ich immer wieder gern ein Bild, das den ehemaligen US-Präsidenten Barack Obama zeigt, wie er von Sicherheitspersonal umgeben einen Gang entlang geht und an einem Mann vorbeikommt, der gerade den Boden wischt. Obama streckt ihm im Vorbeigehen die Faust zum Gruß entgegen und die Reinigungskraft erwidert völlig überwältigt den informellen Gruß. Das Bild ging um die Welt. Barack Obama zeigt dem Mann damit: »Ich sehe dich. Schön, dass du da bist. Danke für deine Arbeit, sie ist wichtig.« Ich kann mir lebhaft vorstellen, dass diese Reinigungskraft die Geschichte unzählige Male erzählt und das Bild hergezeigt hat, und dass diesen Mann die Wertschätzung, die er in diesem Moment erfuhr, unglaublich motiviert und bestärkt hat. Eine vermeintlich kleine Geste kann so Großes und Schönes bewirken.

Eine langjährige Wegbegleiterin von mir macht Folgendes, wenn ihr eine griesgrämig dreinblickende, sie von oben bis unten musternde Person entgegenkommt: Sie lächelt und macht dem Griesgram im Vorbeigehen ein Kompliment. »Schöner Mantel!«, »So ein lieber Hund!«, »Tolle Haarfarbe!«, und sie sagt, sie kann förmlich spüren, wie sich der Gesichtsausdruck des Gegenübers (beziehungsweise des Vorbeigehenden) entspannt und sich die vor Negativität aufgeblasenen Segel augenblicklich lockern.

Gerade, wenn man es mit jemandem zu tun hat, der einem nicht sonderlich sympathisch ist oder einem feindselig gegenübertritt, bewirkt eine wertschätzende Haltung Bemerkenswertes. Jemanden wertschätzen, den man nicht mag? Hier ernte ich regelmäßig überraschte und ungläubige Reaktionen. Wie soll das gehen? Nun, einmal wie ein paar Absätze zuvor in der Kurzform beschrieben – sagen Sie einfach etwas Nettes und entwaffnen Sie Ihr Gegenüber! –, und im Detail erklärt geht das wie folgt:

Das Einmaleins der Wertschätzung

1. Höflichkeit

Höflichkeit ist nicht etwa ein Relikt aus früheren Zeiten, auch wenn man das gelegentlich denken könnte. Höflichkeit ist Balsam für die eingerosteten Gelenke unseres Miteinanders. Grüßen, »Bitte«, »Danke«, Augenkontakt. Das haben wir im Regelfall von klein auf gelernt, das können wir normalerweise. Und dennoch passiert es uns im Alltag, dass wir diese einfachen Gesten vernachlässigen oder schlicht darauf vergessen. Wir sind nicht achtsam. Oft haben wir so viel gleichzeitig am Teller, dass wir zur Entlastung nach Abkürzungen suchen und nach dem Prinzip des Ballastabwerfens beim Ballonfahren agieren: Das, worauf wir vermeintlich am leichtesten verzichten können, wo wir vermeintlich am besten abkürzen können, das werfen wir ab – meistens sind das die sogenannten weichen Faktoren, die wir nicht mit einem direkten Verzicht an einem Objekt in Verbindung bringen. Ein Projekt abzugeben fällt uns schwerer, als auf ein »Danke« zu verzichten. Wir tun uns leichter, ein »Bitte« auszulassen, als einen abgetragenen Mantel zu entsorgen. Oft steckt keine Absicht dahinter, wenn wir nicht grüßen, uns nicht bedanken, jemandem die Tür vor der Nase zufallen lassen oder unserem Gegenüber nicht in die Augen sehen, sondern heimlich während des Gesprächs auf die Börsenkurse am Mobiltelefon schielen –, aber wir sind häufig so in Gedanken versunken und mit Aufgaben überladen, dass wir unser Umfeld nicht mehr wahrnehmen und auf die grundlegenden Höflichkeitsformeln vergessen. Manchmal gibt es Situationen, in denen es einem wirklich nicht leichtfällt, höflich zu sein. Denn wir versuchen unbewusst auch, durch den Verzicht auf Höflichkeit Distanz zu schaffen. Ich gebe zu: Sich beim Rosenverkäufer, der eigentlich stört, höflich zu bedanken, kann einem ganz schön schwerfallen. Sich beim Check-in zu bedanken, obwohl die Sitzplatzreservierung nicht funktioniert hat, geht auch nicht ganz selbstverständlich von der Hand. Und genau darum geht es. Höflichkeit ist ein Grundrecht – wer an einem positiven Miteinander interessiert ist, muss höflich sein, und zwar unabhängig von Sympathien, Antipathien, Situationen. Höflichkeit hat überparteiisch und situations- und interessensunabhängig zu sein.

2. Achtsamkeit

Der Begriff ist in den vergangenen Jahren sehr modern geworden, ich glaube aber nicht, dass alle dasselbe darunter verstehen. Ursprünglich stammt die Idee der Achtsamkeit aus dem Buddhismus, der in ihr ein »wertfreies Betrachten aller Wahrnehmungen« sieht. Achtsamkeit ist also bewusste Aufmerksamkeit auf den gegenwärtigen Moment, auf das, was in uns und um uns herum gerade geschieht. Wenn wir nicht achtsam sind, können wir unsere Mitmenschen und unsere Umwelt nicht voll erfassen und somit auch nicht wertschätzen. Dieses bewusste und wertfreie Wahrnehmen fällt uns häufig schwerer als Gedankenlosigkeit und Unachtsamkeit – zu oft geschieht es im reizüberladenen Alltag, dass wir uns mit jemandem unterhalten, ihm aber nicht unsere volle Aufmerksamkeit entgegenbringen. Achtsamkeit bedeutet, während der Zeit der Unterhaltung oder des Zusammenseins seinem Gegenüber »zu gehören«.

Holen Sie bitte eine Szene vor Ihr geistiges Auge, in der Sie Ihrem Partner von einer Situation berichten, die Sie heute im Job sehr gekränkt hat und die Sie nicht loslässt. Während es aus Ihnen heraussprudelt, bemerken Sie, dass Ihr Partner immer wieder auf sein Mobiltelefon sieht und flugs die eine oder andere Nachricht mit einem Emoji beantwortet. Wie geht es Ihnen dabei? Ich nehme einmal an, dass das kein angenehmes Gefühl ist – dasselbe Empfinden löst es auch bei Ihrem Partner aus, wenn umgekehrt Sie derjenige sind, der seinem Gegenüber Aufmerksamkeit lediglich vorspielt.

Die meisten von Ihnen kennen jemanden, der einen ganzen Abend oder eine komplette Unterhaltung mit dem Mobiltelefon begleitet. Es fällt ein Stichwort – sagen wir einmal »Eishockey Weltmeisterschaft« – und dass es toll wäre, da hinzufahren. Während Sie mit Ihren Freunden noch darüber reden, was das für eine großartige Sache wäre und wie das Vorhaben dem jeweiligen weiblichen Anhang am besten als reiner Männerausflug zu verkaufen sein wird, wischt und scrollt einer in der Runde auf seinem Mobiltelefon herum und reagiert, ohne aufzublicken, auf gefallene Stichworte oder Erwähnungen während der Unterhaltung bereits mit Details wie: Ort, Datum, Flugzeiten, Ticketpreise Flug, Ticketpreise Finalspiel und so weiter. Er sitzt zwar dabei, nimmt aber an der Vorfreude überhaupt nicht Anteil und gibt allen anderen in der Runde das Gefühl, weniger wichtig zu sein als das Telefon.

Einer meiner Kunden stellt vor jeder Besprechung eine Holzkiste mit Einzelfächern auf den Tisch, in die jeder Teilnehmer sein Mobiltelefon für die Dauer des Meetings legt und somit den anderen und den Sitzungsinhalten seine volle Achtsamkeit schenken kann.

Wir können gleichzeitig Autofahren und telefonieren, essen und fernsehen oder während des Toilettengangs die Zeitung lesen. Das geht deshalb, weil sich unser Gehirn in der Zeit des Autofahrens meistens überhaupt nicht mit dem Autofahren beschäftigt und während des Essens auch nicht direkt mit der Nahrungsaufnahme – es handelt sich um vollautomatisierte Vorgänge. Sobald aber etwas den üblichen Ablauf oder Vorgang stört – Vordermann bremst! In der Suppe schwimmt eine Fliege! –, ist unser Gehirn gefordert und wir können uns nur mehr auf *eine* Sache konzentrieren. Wir werden eben nicht mehr telefonieren oder weiterlöffeln, sondern im einen Fall bremsen und die Regeln für die Rettungsgasse abrufen und im anderen Fall den unerwünschten Eindringling aus unserem Abendessen entfernen.

In Situationen, in denen Abläufe ungestört bleiben, kann das berühmte Multitasking – aus meiner Sicht das Gegenteil von Achtsamkeit! – jedoch beleidigend sein. Mit Sicherheit fällt Ihnen auch jemand in Ihrem Bekanntenkreis ein, der beim gemeinsamen Abendessen und Beisammensitzen (das klappt in der Regel vollautomatisch) seine Social-Media-Kanäle checkt und, während die anderen sich über den neuen Job eines Freundes unterhalten und sich mit ihm freuen, freudestrahlend mit der Information die Runde stört, seine Mutter habe sich einen Pudel zugelegt.

Wenn Sie mit jemandem sprechen, ist es schlichtweg fehl am Platz, etwas anderes nebenher zu tun (es sei denn, es passiert in gegenseitigem Einvernehmen und Sie suchen beispielsweise nach einem Dokument, das Sie zur Weiterführung Ihres Gesprächs brauchen). Machen wir uns nichts vor: Es mag in manchen Fällen klappen, dass wir zwei Dinge gleichzeitig tun. Aber keinem der beiden gehört unsere volle Aufmerksamkeit. Ein Mangel an Achtsamkeit wirkt sich auf die Qualität der Dinge aus, die wir tun. Sobald andere Menschen im Spiel sind, empfehle ich Ihnen, es zur Gewohnheit zu erheben, Ihr Mobiltelefon und jegliche andere Ablenkungen zur Seite zu legen und sich voll und ganz auf Ihr Gegenüber zu konzentrieren.

3. Ich bin okay. Du bist okay. – Du bist in Ordnung. Ich bin in Ordnung.

Von dem amerikanischen Autor und Psychiater Thomas Anthony Harris (1910 – 1995) stammt das Buch mit dem Titel *Ich bin o.k. Du bist o.k.* Das Ziel seiner Arbeit bestand in einer verbesserten Kommunikation mit anderen und nicht zuletzt in einem grundlegenden Verständnis für sich selbst. Er verwendete dazu die Methode der sogenannten Transaktionsanalyse, die wiederum vom Psychiater Eric Berne (1910 – 1970) entwickelt wurde. *Ich bin o.k. Du bist o.k.* gehört heute zum Standardrepertoire von Psychotherapeuten, Coaches und Kommunikationsberatern.

Unter Transaktion versteht Berne die Aktion, die einen Reiz ausübt und zu einer Reaktion des Gegenübers führt. Die Teile, die in uns wirksam sind, sind eingeteilt in das Eltern-Ich, das Kindheits-Ich und das Erwachsenen-Ich. Es geht nicht darum, Anteile zu eliminieren, sondern darum, sie besser zu verstehen und darauf angemessen zu reagieren. Mit einer Einschränkung: Partnerschaften können nur durch zwei Menschen mit ausgeprägtem Erwachsenen-Ich erfolgreich sein.

Wenn Menschen mithilfe der Grundgedanken der Transaktionsanalyse auf soziale Interaktionen oder einzelne Persönlichkeiten blicken, gilt hierfür unter anderem die Annahme, dass jeder Mensch in all seinen Schattierungen und in seiner Ganzheit in Ordnung ist (Ich bin okay, du bist okay). Jemanden trotz völlig unterschiedlicher Sichtweisen und einem komplett konträren Standpunkt ernst zu nehmen und ihn wertzuschätzen – ohne Ressentiments und Voreingenommenheit – ist eine Haltung, die ein wenig Übung erfordert. Wenn man sie aber erst einmal verinnerlicht hat, macht sie das Leben ungleich leichtfüßiger und das Miteinander um Welten positiver.

vorte, mit denen Sie sich Griff bekommen«

Egal worum es geht. Sagen oder denken Sie nicht: »Was ist das für ein Unsinn?!«, sondern sagen oder denken Sie: »Interessant!« oder »Spannend!« Beide Worte führen uns in einen Bereich in unserem Gehirn (egal, ob wir sie aussprechen oder sie lediglich denken), der uns Beobachterstatus einnehmen anstatt »zurückschlagen« lässt, denn im Beobachterstatus sind wir nicht mehr unmittelbarer Teil eines Konflikts. Solche mit einer positiven Grundbotschaft ausgestatteten Kommentare erlauben es uns nicht, abschätzig oder angriffig zu sein. Wenn Sie das Wort »spannend« oder »interessant« sagen oder denken, wird auch Ihre Körperhaltung automatisch eine wertschätzende und neutrale. Sie überlisten sich damit selbst, denn wenn Sie etwas, das Sie für ausgemachten Blödsinn erachten, mit »interessant!« quittieren, schneiden Sie sich den Weg ab, die Sache anschließend abwertend oder geringschätzig zu kommentieren. Ihr Gegenüber würde Sie zu Recht als zufallsgesteuert und im Schlingerkurs befindlich wahrnehmen, und das wollen Sie ja in der Regel nicht riskieren.

Meinen Coachees empfehle ich, diese Übung regelmäßig anzuwenden. Und die Rückmeldungen sind immer die gleichen, positiven. Auch wenn man sich zu Beginn ein wenig zusammenreißen muss, das erlernte Verhaltensmuster – sich aus der Deckung und in einen Konflikt zu begeben, wenn uns etwas zuwiderläuft –, zu unterdrücken, sind alle begeistert, wie viel Leichtigkeit diese Kleinigkeit in den Alltag bringt.

Probieren Sie es aus. Anstatt beim nächsten für Sie unbegreiflichen Standpunkt Ihres Gegenübers genervt an die Decke zu blicken, die Augenbrauen hochzuziehen oder das Gesicht schmerzhaft zu verziehen, sagen Sie: »Das ist eine interessante Sichtweise!« oder »Das ist eine spannende Sichtweise, ich werde darüber nachdenken.«

Nehmen wir einmal an, Sie unterhielten sich über die Vorteile einer veganen Ernährung und Ihr Gesprächspartner käme mit der Aussage um die Ecke, dass der Mensch ohne Fleisch überhaupt nicht existieren könne. Eine Ansicht, die Sie nicht teilen. Theoretisch müssen Sie das nicht einmal laut aussprechen. Allein, wenn Sie denken »Spannend, wie er das sieht«, schneiden Sie sich selbst den Weg ab zu abwertenden, geringschätzigen Gedanken, zu abschätzigen Handbewegungen oder Gesten – und all das wird dem Gespräch eine völlig neue, eine positive Wendung geben.

Denn, lassen Sie uns kurz bei obigem Beispiel bleiben: Ihrem Gesprächspartner wird es nicht das erste Mal passiert sein, dass er Gegenwind bekommt und Kopfschütteln mit seiner Ansicht auslöst. Er ist deshalb auf Konfrontation vorbereitet, und dann kommen Sie, treten einen Schritt zur Seite und sagen: »Interessant.« Wenn Sie »interessant« sagen, »Interessant, wie du das siehst« oder »Ich habe einen völlig anderen Zugang zu diesem Thema, aber spannend, wie du darüber denkst«, heißt das noch nicht, dass Sie den Ausführungen des Gegenübers zustimmen. Sie deklarieren sich auch nicht automatisch als Zustimmer. Sie können diesen Schritt zur Seite ganz bedenkenlos machen, ohne Ihr Wertegerüst zu verletzen, auch wenn es um eine Ansicht geht, die Ihrem Gedankengut völlig zuwiderläuft (siehe auch Seite 204, andere annehmen, wie sie sind).

ANERKENNUNG UND LOB

»Anerkennung ist der Sauerstoff für menschliche Beziehungen.«
Deutsches Sprichwort

Der amerikanische Psychologe Steven Reiss (1947 – 2016) sieht in der Anerkennung ein grundlegendes Lebensmotiv, und innerhalb der von ihm verfassten universalen Grundbedürfnisse steht Anerkennung sogar an allererster Stelle. Status, Macht und Unabhängigkeit sind im Vergleich zur Anerkennung relativ weit hinten angesiedelt. Die enorme Bedeutung der Anerkennung wird mittlerweile auch durch Ergebnisse aus der Hirnforschung belegt. Lob und Anerkennung lösen im Gehirn nämlich ähnliche Vorgänge aus wie der Konsum von Drogen, welcher unter anderem eine vermehrte Ausschüttung des Botenstoffes Dopamin bewirkt. Durch diesen wird das sogenannte Motivationssystem aktiviert, was zu positiv empfundenen Rückkoppelungen führt.

Denken Sie zurück, als Sie das letzte Mal vom Vorgesetzten oder von Ihrem Partner Lob bekommen haben. Hoffentlich ist das nicht zu lange her, aber wie lange es auch her sein mag, Sie werden sich daran erinnern – und Sie werden mir zustimmen, dass es ein gutes Gefühl war, dieses Lob entgegenzunehmen. Anerkennung löst Glücksgefühle aus. Für diese Erkenntnis müssen wir nicht erst die Hirnforschung bemühen, denn wir alle wissen grundsätzlich, wie gut sich positives Feedback und Lob anhören und anfühlen. Trotzdem ist unsere Prägung, darauf zu achten, was falsch sein oder nicht passen könnte, so stark, dass wir mit Anerkennung häufig gar nicht gut umzugehen wissen und mit Kritik schneller sind als mit Lob und Anerkennung.

Wenn wir im Vorbeigehen aus dem Augenwinkel heraus etwas sehen oder wahrnehmen, das Lob verdient: Was hält uns davon ab, stehenzubleiben, hinzugehen und unsere Anerkennung an Ort und Stelle zu artikulieren?

Stellen Sie sich vor, Sie sind am Weg zu einem wichtigen Meeting. Sie sind spät dran. Sie hasten durch den Gang in Richtung Besprechungsraum. Sie sehen einen Mitarbeiter oder einen Kollegen, der etwas tut, das Lob verdient.

Was machen Sie? Bleiben Sie stehen und nehmen Sie sich die Zeit?

Ich stelle diese Frage in manchen meiner Vorträge und bitte um Handzeichen. Das Bild, das sich mir zeigt, ist immer gleich. Auf die Frage, ob sich die Anwesenden die Zeit nehmen, stehenzubleiben und sofort Anerkennung zu zollen, zögern die meisten, denn sie sind laut Beispiel in Eile. Viele räumen ein, sie würden das Lob später und in aller Ruhe und Ausführlichkeit anbringen. (Ich behaupte übrigens, dass das in den wenigsten Fällen auch tatsächlich stattfindet, denn Anerkennung lebt vom Moment.) Die meisten unter den Zuhörern geben ehrlich zu, dass sie weitergehen in Richtung Besprechungsraum und sich auf das bevorstehende Meeting konzentrieren. Wenn das Pferd tot ist, kommt der Hafer zu spät, heißt es nicht umsonst.

Stellen Sie sich dieselbe Situation bitte noch einmal vor. Sie sind am Weg zu einem wichtigen Meeting. Sie sind spät dran. Sie hasten durch den Gang in Richtung Besprechungsraum. Sie sehen einen Putzeimer stehen, der Sie in Ihrem ästhetischen Empfinden stört und bei dessen Anblick Ihnen der Gedanke kommt, dass Besucher daran vorbeikommen und sich ebenfalls daran stören könnten. Keine Reinigungskraft ist weit und breit zu sehen. Was machen Sie? Bleiben Sie stehen und nehmen Sie sich die Zeit, das Ungemach zu beseitigen (beziehungsweise dafür zu sorgen, dass es beseitigt wird)?

Ich bitte um Handzeichen und freue mich jedes Mal, dass die Teilnehmer in meinen Vorträgen so ehrlich sind und unumwunden zugeben, dass sie selbstverständlich sofort stehenbleiben und sich nach der Reinigungskraft umsehen würden, denn der Putzeimer störe sie schon sehr. Ein Fehler muss artikuliert werden, was gut, positiv und richtig ist, kann warten.

Wann sind Sie das letzte Mal gelobt worden? Erinnern Sie sich? Haben Sie das für sich behalten oder haben Sie davon erzählt? Ich wage zu behaupten, Sie haben es noch am gleichen Tag Ihnen nahestehenden Personen erzählt.

Auch wenn wir aus eigener Erfahrung heraus wissen, wie gut sich Anerkennung anfühlt und was sie Positives in uns bewirkt, denken wir viel zu selten daran, Anerkennung und Lob anderen gegenüber zu artikulieren und dieses Glücksgefühl in unserem Umfeld zu verbreiten.

» Ich war einige Jahre lang Vice President Human Resources bei der Magna International für Europa. Zu Beginn meiner Tätigkeit bat ich meine Mitarbeiter, in den ersten zwei Wochen alle eingehenden E-Mails an mich weiterzuleiten sowie bei jenen, die verschickt werden, mich entweder in Kopie oder in Blindkopie zu setzen (Blindkopie deshalb, weil ich bei den Empfängern nicht den Eindruck erwecken wollte, ich würde meine Mitarbeiter kontrollieren, denn darum ging es nicht). Übrigens hatte das erst einmal einen Negativeffekt, denn an manchen Tagen bekam ich tatsächlich mehr als 300 E-Mails. Mir ging es darum, auf diese Weise möglichst schnell einen Überblick über die relevanten Themen zu bekommen und meine Mitarbeiter in ihrem Kommunikationsverhalten kennenzulernen. Wenn etwas darunter war, das mir besonders gefallen hat, habe ich auf »antworten« gedrückt, die Nachricht unmittelbar mit einem Kommentar versehen und an den ursprünglichen Absender in meinem Team zurückgeschickt:

»Kompliment!«, »Super gemacht!«, »Tolle Vorgehensweise!«, »Bin beeindruckt!« sind Beispiele für kurze Statements, die ich da als Antwort zurückgeschickt habe.

Nach einigen Tagen baten mich zwei meiner Mitarbeiter um eine kurze Besprechung. Wie das denn gemeint sei mit meinen Kommentaren, wollten sie wissen, ob ich das ernst meine oder ob das ironisch gedacht sei.

Ich war völlig überrascht:

»Selbstverständlich meine ich das ernst!«

Für mein damaliges Team war Lob etwas so Ungewöhnliches, dass es sie misstrauisch machte, stellen Sie sich das einmal vor! Wer mit Fokus auf »negativ«, »falsch« und »Rot« sozialisiert wurde – und das ist bei so gut wie allen von uns der Fall –, kann fast nicht damit umgehen, wenn die Ampel plötzlich auf »Grün« schaltet.

Wir sind daran gewöhnt, dann Feedback zu bekommen, wenn etwas *nicht* in Ordnung war oder ist, beziehungsweise wenn wir etwas falsch gemacht haben. Die Zeit für positives Feedback, für Lob und Anerkennung hingegen nehmen wir uns nicht wirklich.

Kleine Gesten – große Wirkung, heißt es nicht umsonst. Probieren Sie es bitte aus. Wenn Sie das nächste Mal essen gehen und finden, die Bedienung hat sich ein gutes Trinkgeld verdient, runden Sie nicht einfach kommentarlos den Betrag von 55 auf 60 auf, sondern nehmen Sie sich die paar Sekunden, um zu Ihrer Bedienung zu sagen: »Die fünf Euro sind für Sie, denn Sie haben einen super Job gemacht, wir haben uns extrem wohlgefühlt, vielen Dank dafür!« Ich mache das selbst ganz bewusst und praktisch immer, wenn ich ins Restaurant essen gehe und auch sonst bei jeder sich bietenden Gelegenheit. An den Reaktionen merke ich, dass es ganz und gar keine Selbstverständlichkeit ist, Anerkennung für seine Tätigkeit in der Gastronomie, in der Dienstleistung oder eigentlich überall, wo gearbeitet wird, zu bekommen. Man macht ja »nur« seinen Job, nicht wahr? Ich erinnere mich, dass eine Bedienung zuerst beinahe sprachlos war über mein Lob und dann sagte: »Bitte können Sie das auch meinem Chef sagen?«

»Anerkennung ist eine Pflanze, die vorwiegend auf Gräbern wächst«, sagte einst Robert Lembke (1913 – 1989), deutscher Journalist und Fernsehmoderator von *Was bin ich? Das heitere Berufe Raten*. Warten Sie nicht so lange. Übernehmen Sie es ab sofort in Ihre Verhaltensweisen, Lob und Anerkennung auszusprechen, wo es Ihnen ein Anliegen ist. Nehmen Sie sich die Zeit dafür. Sie schenken Ihrem Gegenüber damit Glücksgefühle und positive Rückkoppelung seiner Umwelt, etwas, das uns allen ein Grundbedürfnis ist. Wenn Sie das tun, sind Sie gerade mittendrin, auf die neun richtigen zu fokussieren und das eine falsche nicht so schwer wiegen zu lassen. Danke dafür!

Das richtige Maß

Anerkennung und Lob können völlig entwertet werden, wenn sie manipulativ oder unpersönlich eingesetzt werden. Wenn Sie jemandem Anerkennung zollen, sagen Sie bitte genau, wofür und was Ihnen gefallen oder was Sie beeindruckt hat. Halten Sie sich fern von pauschalem Lob (»Ich sage euch doch dauernd, wie zufrieden ich bin«, »Ich danke allen, die dazu beigetragen haben«) – wer soll sich da angesprochen fühlen?

Einmal angenommen, Sie würden einen Fehler ansprechen, dann würden Sie auch ganz genau und detailliert sagen, worum es geht und was Ihnen nicht gefallen hat!

DANKBARKEIT

»Nicht die Glücklichen sind dankbar.
Es sind die Dankbaren, die glücklich sind.«
Francis Bacon, englischer Philosoph, 1561 – 1626

Dankbarkeit ist eine weitere Ingredienz für ein gutes Miteinander. Was verstehen wir unter Dankbarkeit? Die Frage scheint auf den ersten Blick leicht beantwortet. Die meisten würden sagen, Dankbarkeit wäre es, nach einem Freundschaftsdienst, nach einer Gefälligkeit, nach dem Erhalt eines Geschenks oder Kompliments »Danke« zu sagen. Dankbarkeit als Reaktion auf etwas Positives also, wie wir das meistens von klein auf gelernt haben. Dankbarkeit ist nicht etwa etwas, das uns automatisch innewohnt, sondern sie ist uns beigebracht worden wie Tischmanieren, wie zu grüßen, »Bitte« zu sagen, Augenkontakt zu halten.

Für Kinder ist es oft lästig, wenn sie angehalten werden, sich für ein Spielzeug, Schokolade oder ein anderes Geschenk bedanken zu müssen, oder wenn es heißt: »Gib der Dame die Hand und sage ihr, wie du heißt.« Erst später erkennt man, dass es sich dabei um wertvolle Gewohnheiten und Verhaltensmuster handelt, die zu einem sehr viel besseren Miteinander führen.

Dankbarkeit kann aber mehr sein als der bloße verbale Ausdruck einer Form der Höflichkeit: Dankbarkeit kann eine Grundhaltung sein.

Wer sich bewusst die Zeit nimmt, auf sein Leben und die positiven Ereignisse darin zu blicken, wird feststellen, dass es oft glückliche Umstände oder andere Menschen waren, die dazu beigetragen haben, dass ihm Positives widerfahren ist. Nicht immer gelingt uns alles allein und aus ausschließlich eigener Kraft – oft gibt es Menschen, die uns wohlwollend gegenüberstehen, unterstützen und fördern, und oft ist es einfach nur Glück, am richtigen Ort zur richtigen Zeit gewesen zu sein.

Der amerikanische Ökonom, Professor für Wirtschaftswissenschaften an der Cornell University in New York und Kolumnist der *New York Times* Robert H. Frank weist in seinem Buch *Ohne Glück kein Erfolg* nach, dass in den Lebensläufen bedeutender Persönlichkeiten zufällige glückliche Ereignisse die größere Rolle bei deren Erfolg gespielt haben als das eigene Zutun. Der Autor zeigt das exemplarisch an bekannten Personen. Der US-Unternehmer Bill Gates etwa, der als zweitreichster Mensch der Welt gilt, kam durch eine glückliche Fügung an eine Schule, die ihren Schülern unbeschränkten Zugang zu einem der ersten Time-Sharing-Computerterminals bot. Danach gefragt, wie viele seiner Altersgenossen damals eine solche Möglichkeit gehabt hätten, meinte Gates: »Wenn es weltweit 50 waren, würde mich das sehr wundern. Ich hatte als Jugendlicher einen besseren Zugang zur Softwareentwicklung als wohl jeder andere zu dieser Zeit.« Es waren später seine herausragenden Fähigkeiten und die außergewöhnliche Beharrlichkeit, mit denen er seine Visionen umsetzte, und die ihn zu dem erfolgreichen Menschen machten, der wohl so gut wie jedem Erdenbürger heute ein Begriff ist – aber den Anfang machte eine gute Portion Glück.

Ein zweites Beispiel ist der Schauspieler Al Pacino. Er verdankt seine sagenhafte Karriere vor allem dem Umstand, dass er eine Hauptrolle in dem Film *Der Pate* bekam – eine höchst willkürliche und unwahrscheinliche Besetzung, denn Al Pacino war zu diesem Zeitpunkt kaum bekannt. Der damals noch unerfahrene und ebenso wenig bekannte Regisseur Francis Ford Coppola wollte für die Rolle jemanden, der wie ein »echter Sizilianer« aussah, und wählte Al Pacino statt einem bekannteren Darsteller, wie es eigentlich üblich gewesen wäre und von den Studiobossen auch gefordert war. Al Pacino hatte Glück, diese Rolle zu bekommen, aber bei seinem herausragenden schauspielerischen Können wäre er früher oder später ziemlich sicher in einer anderen Rolle zu Weltruhm gelangt.

Glück im Unglück hatte Robert H. Frank selbst, als er in jungen Jahren bei einem Tennismatch einen plötzlichen Herzstillstand erlitt und nur deshalb gerettet werden konnte, weil unweit des abseits gelegenen Tennisplatzes zufällig ein Rettungswagen vorbeifuhr. Sein Glück war auch, dass in den USA das Gesundheitswesen einigermaßen funktioniert. Denn wäre Frank nicht als US-Amerikaner, sondern als Äthiopier geboren, wäre seine Überlebenschance deutlich geringer ausgefallen.

Es gibt zwei Sorten von Menschen (natürlich nicht generell, aber in diesem Fall schon): Die, die ein positives Ereignis augenblicklich dem Glück zuschreiben und die, die sofort darauf verweisen, dass sie viel riskiert und hart dafür gearbeitet haben. Vielen ist der Faktor Glück nicht bewusst, die anderen sehen wiederum nicht, wie hoch der eigene Beitrag zum Glück war.

Ich rege dazu an, immer wieder kurz innezuhalten und sich aktiv darüber Gedanken zu machen, wofür man dankbar sein kann – ich selbst tue das regelmäßig. Wenn wir uns bewusst machen, wie viel Gutes uns an jedem Tag zuteilwird, kann auch an einem Tag, an dem es einmal nicht so läuft, wie wir uns das vorgestellt haben, das Negative nicht so schwer beziehungsweise *über*wiegen (von dramatischen Ereignissen und Schicksalsschlägen einmal abgesehen).

Ich halte es für eine enorm wichtige Fertigkeit zu erkennen, was in unserem Leben Glück war und was wir uns selbst zu verdanken haben. Erinnern Sie sich an meinen Coachee (siehe Seite 107), der einen Mega-Deal für sein Unternehmen an Land gezogen hatte und seinen Erfolg dem glücklichen Umstand zuschrieb, dass einer der Entscheidungsträger sich so für das Thema interessiert hätte und deshalb so auf seiner Seite gewesen wäre. Das war kein Glück, dass der Auftrag an sein Unternehmen ging, das war seine eigene großartige Leistung! Diesen wesentlichen Unterschied möchte ich herausstreichen. Seien Sie dankbar, wenn Ihnen das Glück begegnet, sei es in Form von glücklichen Fügungen, in Form von wertvollen Begegnungen oder in Form von kleinen alltäglichen Dingen. Seien Sie dankbar für Ihr Glück – aber unterscheiden Sie zwischen Glück und Ihrem eigenen Beitrag und spielen Sie den bitte nicht herunter! Ich kenne nämlich keinen einzigen erfolgreichen, zufriedenen und feinen Menschen, der sich von glücklichen Umständen und Zufällen durchs Leben treiben hat lassen und behauptet, das alles wäre ihm von allein und ohne Zutun in den Schoß gefallen. Das Glück im Sinn von anhaltendem Erfolg und einem erfüllten Leben hat auf Dauer nur der Tüchtige und der, der wertschätzend und aufrichtig durchs Leben geht und weiß, wann es Zeit ist, auch einmal die Ärmel hochzukrempeln und Leistung zu zeigen. In meinem Büro hängt ein Spruch: »Vertraue auf Gott, aber binde zuerst dein Kamel fest«, und er drückt sehr gut aus, was ich meine. Es ist unsere Pflicht zu erkennen, wann wir selbst gefordert sind, mobil zu machen, flexibel zu sein, uns anzustrengen, vorauszudenken, mitzudenken und aktiv zu entscheiden. Immer nur darauf zu warten, dass einem das Glück begegnet oder Positives widerfährt, ist unfair uns selbst gegenüber und eine Zumutung für unser Umfeld.

” Ich hatte einen Kunden, bei dem war mir schon in den ersten Minuten des Erstgesprächs bei der Auftragsklärung klar, dass ich ihm nicht die Unterstützung sein kann, die er sich erhoffte. Denn er sagte gebetsmühlenartig sinngemäß immer einen Satz: »Ich brauche einfach einmal jemanden, der mir eine Chance gibt und erkennt, was ich kann.« Sein Lebenslauf las sich wie das Branchenverzeichnis der Wirtschaftskammer: alle paar Monate ein neuer Arbeitgeber und immer waren es die Arbeitgeber, die Schuld trugen am frühen Aus. Wenn ich mich recht erinnere, waren alle seine Vorgesetzten in seinen Augen Choleriker, und denke ich nun an meine abgewandelte Mengenlehre und das Gesetz der großen Zahlen, dann muss ich sagen: Nein. Nein, es sind nicht immer die anderen schuld und in der Verantwortung. Nein. Es ist die Eigenverantwortung und die Pflicht eines jeden von uns, das Beste aus seinem Leben zu machen. Wir können nicht warten, bis jemand zufällig unsere Stärken entdeckt, uns zu Glanz und Gloria verhilft, ohne dass wir dafür einen Finger krumm machen müssten.

Es lohnt sich, Dankbarkeit nicht nur als begrenzte Anerkennung für erwiesene Wohltaten zu kultivieren, sondern sie als grundlegendes Lebensgefühl zu entwickeln. Dankbarkeit ist eine der schönsten Tugenden und hilft, auch in schwierigen Zeiten das Gute im Leben wahrzunehmen. Dankbarkeit bedeutet zu wissen, dass nichts im Leben selbstverständlich ist. Ich werfe bei meinen Vorträgen gern ein paar Gedanken (jeder Ge*danke* ist ein »Danke«) an die Wand, die unterschiedliche Reaktionen – von anfänglichem Schmunzeln bis hin zu Nachdenklichkeit – zur Folge haben:

Ich bin dankbar ...

- dass mein Wecker morgens klingelt, denn das bedeutet, dass mir ein neuer Tag geschenkt wird,
- dass ich manchmal eine weite Strecke zum Parkplatz gehen muss, denn es bedeutet, dass ich ein Auto habe,
- dass ich Steuern zahlen muss, denn das bedeutet, dass ich Arbeit habe,
- dass Fenster und Boden geputzt werden müssen, denn es bedeutet, dass ich ein Zuhause habe,
- dass ich nicht alles besitze, was ich gern hätte, denn es bedeutet, dass ich noch Wünsche habe.

So wie alle positiv aufgeladenen und konnotierten Wörter oder Sätze löst auch das Wort »Danke« Positives in uns aus, und dabei ist es nicht wichtig, ob Sie »Danke« *sagen* oder ob Sie »Danke« *denken*. »Danke« beruhigt, bändigt, dämpft, tröstet, glättet die Wogen. Egal worum es geht. »Danke« führt uns in einen Bereich in unserem Gehirn, in dem wir nicht »zurückschlagen« können. Während wir bei »interessant« und »spannend« Beobachterstatus einnehmen, sind wir bei »Danke« in einer demütigen und dankbaren Emotion. Mit einer positiven Grundbotschaft ausgestattete Kommentare aktivieren unser Belohnungszentrum und schütten Glücksgefühle aus.

Stellen Sie sich vor, jemand sagt Ihnen in Zorn: »Ich halte es nicht aus, dass du das alles für selbstverständlich hältst, was ich für dich tue!« Sie befinden sich offenbar ohnehin schon in einer angespannten Situation, und das wird nicht besser werden, wenn Sie nun dazu übergehen, sich zu rechtfertigen oder dem Gegenüber aufzuzeigen, dass es falsch liegt. Wenn Sie aber sagen: »Danke, dass du mir das sagst!«, sind Sie selbst sofort in einer Energie, in der sie nicht zurückschlagen können und in der Sie sich gleich sehr viel weniger attackiert fühlen. Sie nehmen die Leitung vom Strom und sind sofort in einer positiven Energie. Somit ist die Basis für einen wertfreien und wertschätzenden Austausch geschaffen.

Es lohnt sich, Dankbarkeit nicht nur als begrenzte Anerkennung für erwiesene Wohltaten zu kultivieren, sondern sie als grundlegendes Lebensgefühl zu entwickeln.

Von Söldnern und geladenen Magazinen

Ich habe vor vielen Jahren in den USA bei Steven Covey meine Coaching-Ausbildung absolviert. Als ich mich dann später in Österreich in die Selbstständigkeit begeben habe, wollte ich die Zeit davor nutzen, mich zusätzlich fortzubilden und habe eine Weiterbildung für bereits praktizierende Coaches gemacht. Gemeinsam mit elf anderen fertig ausgebildeten Coaches absolvierte ich also elf mehrtätige Module, zu denen ich jedes Mal aus Ried im Innkreis anreiste, was einem Hinweg von mehr als 300 km entspricht. Anreise Donnerstag abends, Dauer der jeweiligen Module bis Samstag mittags. Ich bin immer wieder zu spät gekommen, obwohl das sonst überhaupt nicht meine Art ist. Ohne Ausreden suchen zu wollen, hatte ich da wirklich ein paarmal Pech. Einmal bin ich in einen Stau geraten, ein anderes Mal war wegen eines Unfalls die Autobahn gesperrt. Außerdem hatte ich damals eine Führungsposition inne, die es nicht immer zuließ, mich früh genug aus der Firma zu verabschieden.

Ich habe jedes Mal wirklich gelitten, als ich im Auto saß, zur Untätigkeit verdonnert war und wusste, dass ich zwangsläufig ein weiteres Mal zu spät kommen würde.

Modul acht. Sie ahnen es schon. Ich schaffe es wieder nicht pünktlich.

Ich betrat den Seminarraum und gleich kam mir der Kommentar eines Teilnehmers entgegen:

»Du bist ja heute wieder einmal zu spät, wir sind schon mittendrin in einer Übung.«

Die Übung war folgende und ich versuchte, mich möglichst zügig mit einzubringen: Es gab 40 vorgegebene Persönlichkeiten des öffentlichen Lebens, von denen wir jedem Seminarteilnehmer jeweils eine zuzuordnen hatten und die Zuordnung begründen mussten. Die Persönlichkeiten waren unter anderen der Papst, Mutter Theresa, Superman, Robin Hood, Muhammad Ali, Bruce Willis (der meine insgeheime Hoffnung war) und so weiter.

Aus diesen 40 hat die Gruppe also 12 ausgesucht und einander zugeordnet – so auch mir, denn als ich ankam, war die Gruppe ja schon »mittendrin in der Übung«.

Ich war neugierig und fragte, welchen Charakter denn die Gruppe für mich gewählt hatte.

Nach meiner Frage wurde es still im Raum, bis einer aus der Gruppe das Schweigen brach und sagte:

»Du bist der ›Söldner, der über Leichen geht‹.«

Wenn ich von diesem Erlebnis in meinen Seminaren erzähle, geht meistens ein Raunen durch die Reihen, denn so schätzt mich tatsächlich niemand ein, weil ich keinen Charakterzug so einer Persönlichkeit, »die über Leichen geht«, ausstrahle. Und dementsprechend habe ich schon mit dem imaginären Vorschlaghammer ausgeholt, um da einmal ordentlich hinzudreschen und meine Empörung kundzutun. Die anderen haben damit auch schon gerechnet und waren darauf vorbereitet, das habe ich gespürt.

Derjenige, der den Angriff startet, ist im Vorteil, denn er hat Zeit, sich zu überlegen, was das Gegenüber erwidern oder wie es reagieren könnte. In einer Partnerschaft beispielsweise kennt man einander ja sehr gut und kann die Reaktion des anderen gut einschätzen, ebenso ist das unter Freunden, Kollegen, bei Mitarbeitern wie auch bei Vorgesetzten. Der andere ist ja völlig neutral und unvorbereitet, er kann nicht zuvor in Gedanken durchgehen, was da an Argumenten auf ihn zukommen beziehungsweise wie er reagieren wird und was er erwidern könnte.

Ich gab mir ein paar Sekunden Zeit und Gott sei Dank fiel mir etwas ein, das ich in meiner Ausbildung gelernt hatte, nämlich die Wirkung des Wortes »Danke«:

»Ich höre das zum ersten Mal. Ich habe momentan keine Entsprechung dafür, werde aber darüber nachdenken. Danke, dass ihr mir das sagt.«

Die vorsorglich aufmagazinierten Geschütze der anderen konnten somit nicht abgefeuert werden, und mir ist es gelungen, meine Emotionen abzufangen. Das Wort »Danke« ließ augenblicklich die aufgeladene Stimmung in der Gruppe abklingen und eine positivere Grundatmosphäre entstehen.

Ich ging am Abend nach dem Seminar eine Runde laufen und dachte währenddessen darüber nach, was die anderen in der Gruppe zu diesem Bild von mir bewogen haben könnte. Die eine oder andere Möglichkeit habe ich gefunden.

In einem der Module war es um wirtschaftliche Themen zum Coaching und die Fragen »Wie komme ich zu meinem Geld als Coach?« und »Wie komme ich zu meinen Aufträgen?« gegangen. Da habe ich mich sehr unbeliebt gemacht mit meiner Haltung: Ich vertrat die Ansicht, dass die Auftragsklärung kostenlos erfolgen müsse. Wer mich braucht und später für meine Leistung bezahlt, muss zwei, drei Stunden die Möglichkeit haben abzuwägen – und umgekehrt. Ich bin für eine Auftragsklärung auch schon auf eigene Kosten nach London geflogen. Sowohl der Coach als auch der Coachee müssen die Chance haben, sich kennenzulernen und zu spüren, ob man zueinander passt. Diese Meinung vertrete ich bis heute. Die anderen in der Gruppe waren hingegen der Ansicht, die Auftragsklärung müsse verrechnet werden, zumindest der halbe Stundensatz.

Von der Frage der Auftragsklärung war es dann weiter gegangen zum Stundensatz und wo der liegen dürfe und solle. Jeder sollte also seinen Stundensatz auf einen Zettel schreiben, in eine Box werfen, und dann wurden der Reihe nach alle Zettel geöffnet und vorgelesen. Eine der Angaben lag doppelt so hoch wie die anderen und damit war allen klar, dass das von mir kommen musste.

Der dritte Punkt, der mir eingefallen ist, wie ich zum Attribut »Söldner, der über Leichen geht« gekommen sein könnte, hatte mit dem Thema Familienaufstellungen zu tun. Ich sagte irgendwann in der Runde den Satz: »Familienaufstellungen sind das Tiramisu der Beratung.« Was ich damit meinte, habe ich auch den anderen Teilnehmern erklärt. Es gab eine Zeit, in der war ein

Tiramisu etwas Besonderes und es gab diese Nachspeise nur in renommierten italienischen Restaurants. Irgendwann gab es das Tiramisu vom Kirchenwirt in Gramatneusiedl bis hin zu den fertig eingepackten in jedem Supermarkt und an jedem zweiten Imbissstand. So auch die Familienaufstellungen: Zehn von zwölf Beratern hatten die im Angebot, und zwar auch einige, die mit der hohen Kunst der Familienaufstellung nicht wirklich beschlagen waren, sondern lediglich ein halbes Buch von Bernd Hellinger, dem Papst der Familienaufstellungen, gelesen hatten. Familienaufstellungen gehören zu den schwierigsten und herausforderndsten Beratungsthemen, die es gibt. Man muss derartig gut und wachsam sein, dass aus meiner Sicht kein »Nebenmenü« erlaubt ist (mir ist es auch im Restaurant lieber, ich habe eine kleine Karte vor mir, dafür ist alles frisch und top zubereitet; wenn ich erst nach zehnmal Umblättern bei den Desserts angelangt bin und völlig die Orientierung verloren habe, bin ich ratlos und frage mich außerdem, ob das alles gleich frisch und gut und auf dem gleichen Niveau zubereitet sein kann). Ich scheine damals mit meiner Erklärung nicht ganz durchgedrungen zu sein und der eine oder andere wird sich bestimmt angegriffen gefühlt haben – wenn ich zumindest zum Nachdenken anregen habe können, ist mir das recht.

»Söldner, der über Leichen geht« – so merkwürdig es sich aufs Erste anhören mag: Ich war und bin sehr dankbar für diese Erfahrung, praktizieren und sehen zu dürfen, was das Wort »Danke« Positives bewirkt und wie einfach es ist, de-eskalierend zu agieren.

Es gibt zwei Möglichkeiten, weshalb wir aufgrund negativer Rückmeldung auf unsere Person bezogen in Wallung geraten.

1. Es ist wahr.
2. Es ist völlig neu für mich.

Wenn ich beispielsweise sofort erkannt hätte, dass ich durchaus einen Beitrag dazu geleistet habe, dass die Gruppe zu dieser Einschätzung meiner Person gelangt ist, hätte ich sagen können: »Danke, dass ihr mir das sagt, ich höre das nicht zum ersten Mal, aber ich arbeite daran.« Das bedeutet, es gibt eine Entsprechung für das Gehörte.

In meinem Fall war es so, dass ich etwas in der Art überhaupt noch nie als Feedback bekommen hatte und ich so wirklich gar keine Entsprechung dafür hatte. Deshalb auch meine Antwort: »Ich höre das zum ersten Mal. Ich habe momentan keine Entsprechung dafür, werde aber darüber nachdenken. Danke, dass ihr mir das sagt.«

Ich habe über den »Söldner, der über Leichen geht«, sehr genau nachgedacht und die eine oder andere Erklärung gefunden, die die Gruppe zu dieser Einschätzung geführt haben konnte. Bis heute habe ich niemals wieder ein gleichartiges Feedback bekommen, und auch ich selbst weiß natürlich, dass das überhaupt nicht zutreffend ist, aber ich kenne meinen Beitrag und weiß, womit ich der Gruppe so auf die Nerven gegangen bin.

Wenn Sie allerdings wieder und wieder dieselbe negative, auf Ihre Person bezogene Rückmeldung bekommen, dafür aber jedes Mal *wieder* keine Entsprechung finden können, empfehle ich größte Aufmerksamkeit, denn dann ist es im Regelfall so, dass durchaus etwas an dem Gehörten dran ist. Wenn Sie im Laufe der Jahre beispielsweise dreißig Krawatten in der hintersten Ecke Ihres Kleiderschranks gesammelt haben, die allesamt mit ihrer wilden Musterung Karibikflair verbreiten, denken die Schenkenden offenbar, dass dieser Stil gut zu

Ihnen passt. Sie selbst finden so ein Muster grässlich und haben keine dieser Krawatten jemals getragen. Nicht einmal im Karneval würden Sie sie umbinden, so hässlich finden Sie solche Muster. Aus irgendeinem Grund denkt Ihr Umfeld aber, dass Sie das mögen – und das sollte Ihnen unbedingt eine Überprüfung wert sein.

ZUFRIEDENHEIT

»Das altmodische Wort Zufriedenheit mit sich und der Welt ist, trotz allem Fortschrittsglauben, ob wir es wahrhaben wollen oder nicht, der Schlüssel zum Geheimnis des Glücks.«
Nicolas Chamfort, französischer Moralist, 1741 – 1794

Unsere Prägung auf das Negative und das, was falsch sein könnte, drückt sich nicht nur in unseren Verhaltensmustern und Gewohnheiten aus, sondern hat auch Auswirkungen auf unser Innenleben, bestimmt zu einem hohen Grad unser Selbstwertgefühl und wie sehr wir überhaupt in der Lage sind, uns Positivem gegenüber zu öffnen. Wer ständig in Gedanken damit beschäftigt ist, was ihm alles fehlt im Leben und was ihm an Ungerechtigkeiten widerfahren ist, macht es sich schwer, eine Haltung der Zufriedenheit zu kultivieren. Wer zufrieden ist mit dem, was er hat und wer in der Lage ist zu sehen, was ihm an Gutem im Leben passiert ist, wirkt damit einem sehr unschönen Gefühl entgegen: dem Neid. Dankbarkeit und Zufriedenheit sind die wirksamsten Gegenspieler für den Neid.

Die Grundstimmung, in der wir auf unser Leben blicken

Die Grundstimmung, mit der wir durchs Leben gehen, hängt erstaunlich wenig von den Wendungen unserer Biografie ab. Bestimmt fallen Ihnen Menschen ein, die selbst mit Schicksalsschlägen erstaunlich souverän umgehen oder sich nach Rückschlägen schnell erholen, aus ihnen lernen, möglicherweise neue Verhaltensmuster ableiten und sogar gestärkt aus Rückschlägen hervorgehen.

Endlich zufrieden sein mit sich und seinem Leben, wer möchte das nicht? Darüber, wie dieser Zustand der Zufriedenheit zu erreichen ist, irren Menschen erstaunlich oft. Denn oft gelten materieller Wohlstand, finanzielle Sorgenlosigkeit, Gesundheit, eine glückliche Ehe und eine liebevolle Familie als Garanten für ein zufriedenes Leben. Etliche Studien von Lebenslaufforschern, Neurowissenschaftlern und Psychologen zeigen jedoch, dass derartige Ereignisse und Umstände die Art und Weise nur ganz marginal beeinflussen, wie wir das Leben betrachten und über Versäumtes und Erreichtes befinden. Ob wir unter dem Strich zufrieden oder unzufrieden sind, hängt tatsächlich nur wenig von den Wendungen ab, die unser Schicksal nimmt.

Das Schöne ist, dass die Zutaten für ein gutes Miteinander allesamt in uns selbst liegen und wir es in der Hand haben, wie wir durch das Leben gehen und was das Leben und unsere Mitmenschen uns entgegenbringen (denken Sie an das Gesetz der Resonanz, siehe Seite 104).

Grundsätzlich ist jeder Mensch dazu imstande, seine Zufriedenheit zu verbessern, egal, mit welchen Widrigkeiten er sich herumschlagen muss.

Wenn wir Glück verspüren, erleben wir das stärkste Wohlempfinden, zu dem wir Menschen fähig sind. In seiner Wucht kann es sogar Grundbedürfnisse überdecken, so vergessen frisch Verliebte auf das Essen und wer gerade befördert wurde, absolviert begeistert Überstunden, ohne zu merken, dass er an die Grenzen seiner Belastbarkeit gerät. Ein dauerhafter Glückszustand wäre daher durchaus ungesund, und deshalb baut unser Körper die berauschenden Botenstoffe wieder ab, um Kraft zu tanken. Wie Goldschürfer suchen wir darum immer wieder von Neuem nach Glück.

Während uns das Glück oft rauschhaft überkommt und mitunter ebenso schnell verfliegen kann, ist die Zufriedenheit ein sehr viel nachhaltigeres und dauerhaftes Gefühl; sie setzt gewissermaßen den Grundton, mit dem wir auf unser Leben blicken. Zufriedenheit ist quasi ein ganzer Komplex von Empfindungen, der sich aus momentanen Glückserlebnissen ebenso zusammensetzt wie aus dem konstanten Gefühl des Wohlbefindens, der Wahrnehmung unserer Umwelt (wie geht es meiner Umwelt, wie geht es meinem Umfeld?) und unserem Miteinander (wie reibungslos und positiv läuft es innerhalb meiner sozialen Beziehungen?).

Einmalige Glückserlebnisse beeinflussen die Zufriedenheit und das langfristige Wohlbefinden erstaunlich wenig. Der U.S.-Forscher Philip Brickman[2] konnte nachweisen, dass Menschen, die in der Lotterie eine große Summe gewonnen hatten, nach einigen Monaten keineswegs positiver über ihre derzeitige Lebenssituation urteilten, im Gegenteil, der Forscher stellte bei den Gewinnern sogar Einbußen an Lebensglück fest, denn den Lottogewinnern gelang es weniger gut, sich an den kleinen Dingen des Alltags zu freuen.

Zufriedenheit ist eine Emotion, in die unsere Gedanken und Einstellungen fließen, unsere Bewertungen aller Erlebnisse, Erfahrungen und Errungenschaften in unserem Leben. Zufriedenheit ist wandelbar und beeinflussbar, sie variiert von Mensch zu Mensch und kann sich im Laufe eines Lebens verändern. Es gibt Phasen von weniger Zufriedenheit und Phasen höchster Zufriedenheit. Unser Denken beeinflusst in höchstem Maß den Grad unserer Zufriedenheit. Ein Griesgram wird nicht zum lebensbejahenden Menschen, weil er eine Gehaltserhöhung bekommen oder im Lotto gewonnen hat. Möglicherweise empfindet er kurze Ausschläge von Freude, aber im Prinzip wird er auch danach sein Leben ebenso mürrisch beurteilen und das auf seine Umwelt übertragen wie auch zuvor. Zufriedenheit ist eine Frage der Persönlichkeit, des Charakters. Wer Schwierigkeiten im Alltag als unüberwindbare Probleme betrachtet, die alles Positive im Leben überdecken, wird kein zufriedener Mensch sein. Wer Stolpersteine als Herausforderung und zum Leben gehörig ansieht, wird sich an allem anderen Schönen und Positiven in seinem Leben freuen.

Eine langjährige Wegbegleiterin führt seit Jahren ein Tagebuch, in das zu jedem Eintrag ein Stichwort oder ein Satz kommen, wofür sie an diesem Tag dankbar ist, was sie zufrieden macht, worüber sie sich heute gefreut hat. Als sie damit angefangen hat, fiel es ihr anfangs schwer, an jedem Tag etwas zu finden, und dann gab es Einträge wie »Silberfischchen gefangen«, oder »Feststellen, dass sich der Einsatz der Wattestäbchen gelohnt hat«. Bald hat sie festgestellt, dass es tatsächlich an jedem Tag gleich mehrere Dinge zu finden gab, denen sie anfangs überhaupt keine Bedeutung geschenkt hatte: »Papas Provisorien, die wohl ein Leben lang halten werden« oder »Das verloren geglaubte Foto wiedergefunden«. Dankbar zu sein, auch und insbesondere für die kleinen Dinge des Lebens, macht glücklich und führt zu Zufriedenheit.

Unser Gehirn ist evolutionsbedingt darauf ausgerichtet, uns vor Gefahren zu schützen, daher achten wir sehr auf alles Negative. Unser Gehirn nimmt negative Reize bis zu elfmal stärker wahr als positive. Wenn wir also nicht selbst dafür sorgen, positive Erlebnisse bewusst wahrzunehmen und ein neues Gleichgewicht in unserer Bewertung und Wahrnehmung herzustellen, wird das Negative gefühlt überwiegen – auch wenn das Positive weitaus vorherrscht und unser Leben mit großem Überhang in Ordnung und als sehr gut einzustufen ist.

Nehmen Sie sich daher vor, Gutes ab sofort besonders intensiv zu erleben und zu empfinden. Kultivieren Sie die Zufriedenheit in Ihrem Leben, und im Grunde können Sie dafür den gesamten Buchtext heranziehen, denn er dreht sich darum, auf das Gute, das Positive und Schöne zu achten und nicht das Negative im Fokus zu haben.

ZUSAMMENFASSUNG UND EMPFEHLUNGEN

The Big Five – Die Großen Fünf – für ein gutes Miteinander

1. Säen und ernten

- Was wir in Umlauf bringen, kommt zu uns zurück. Gehen Sie mit Ihren Mitmenschen ausschließlich so um, wie Sie sich wünschen, dass mit Ihnen umgegangen wird.

2. Wertschätzung

- Wertschätzung ist eine Grundhaltung, eine innere Einstellung (»Schön, dass Sie da sind«, »Schön, dass du in meinem Leben bist!«, »Schön, dass Sie mein Buch lesen«), und sie bedeutet auch, den anderen so zu nehmen, wie er ist und nicht, wie man ihn gern hätte. Wertschätzung können wir *jedem* entgegenbringen, egal, ob er uns sympathisch ist oder nicht.
- Zur Wertschätzung gehören: Höflichkeit, Achtsamkeit, Ich bin okay. Du bist okay.
- Höflichkeit – Grüßen, »Bitte«, »Danke«, Augenkontakt. Höflichkeit ist ein Grundrecht – wer an einem positiven Miteinander interessiert ist, muss höflich sein, und zwar unabhängig von Sympathien, Antipathien, Situationen. Höflichkeit hat überparteiisch, situations- und interessensunabhängig zu sein.
- Achtsamkeit – Achtsamkeit bedeutet, während der Zeit der Unterhaltung oder des Zusammenseins seinem Gegenüber »zu gehören«. Das Gegenteil von Achtsamkeit ist Multitasking und hat somit in einem guten Miteinander nichts verloren. Erheben Sie es zur Gewohnheit, Ihr Mobiltelefon und jegliche anderen Ablenkungen zur Seite zu legen und sich voll und ganz auf Ihr Gegenüber zu konzentrieren. Erheben Sie es auch zur Gewohnheit, nicht viele Dinge gleichzeitig zu tun, sondern sich auf eine Sache zu konzentrieren – Achtsamkeit hebt die Qualität von allem, was wir tun!
- Ich bin okay. Du bist okay. – Du bist in Ordnung. Ich bin in Ordnung. Nehmen Sie andere trotz völlig unterschiedlicher Sichtweisen und einem komplett konträren Standpunkt ernst – ohne Ressentiments

und Voreingenommenheit. Sagen oder denken Sie nicht: »Was ist das für ein Unsinn?!«, sondern sagen oder denken Sie: »Interessant!« oder »Spannend!«

3. Anerkennung und Lob

- Anerkennung und Lob leben vom Moment – machen Sie es sich zur Gewohnheit, Anerkennung zu zeigen und zu loben.
- Wenn Sie loben, seien Sie präzise und artikulieren Sie genau, was Ihnen gefallen hat.

4. Dankbarkeit

- Seien Sie dankbar für die kleinen und die großen Dinge im Leben. Unterscheiden Sie, was in Ihrem Leben Glück war und was Sie sich selbst zu verdanken haben. Seien Sie dankbar für glückliche Umstände. Seien Sie insbesondere auch sich selbst gegenüber bewusst dankbar.
- »Danke« – ob Sie es sagen oder denken – beruhigt, bändigt, dämpft, tröstet, glättet die Wogen. Egal worum es geht. Ein »Danke« – wie alle mit einer positiven Grundbotschaft ausgestatteten Kommentare – führt uns in einen Bereich in unserem Gehirn, der unser Belohnungszentrum aktiviert und Glücksgefühle ausschüttet.

5. Zufriedenheit

- Unser Denken beeinflusst den Grad unserer Zufriedenheit. Sorgen Sie dafür, dass Sie Positives bewusst wahrnehmen (vielleicht sogar aufschreiben), um ein neues Gleichgewicht von Positiv und Negativ in Ihrem Denken herzustellen.

Meine Top-Werkzeuge für einen Kursanstieg auf Ihrer Positiv-Seite

»Es verrät keiner dem andern die Handgriffe einer Kunst oder eines Handwerks, geschweige denn die vom Leben.«
Johann Wolfgang von Goethe, deutscher Dichter, 1949 – 1832

KURSSTURZ AUF DER POSITIVSEITE

Unser Gehirn ist evolutionsbedingt darauf ausgerichtet, uns vor Gefahren zu schützen. Das bedeutet, dass wir sehr achtsam für Negatives in unserem Leben sind. Wir alle wissen aber aus eigener Erfahrung, wie gut es sich anfühlt, wenn uns Positives entgegenkommt. Dieser Bereich hat jedoch in unser aller Leben im Lauf der letzten Jahrzehnte einen schlimmen Kurssturz erlitten. Der Umgang der Menschen untereinander ist sehr viel unfreundlicher und rauer geworden. Kränkungen und Bloßstellungen sind an der Tagesordnung. Anerkennung und Wertschätzung stellen keinen Wert mehr dar. Diese Entwicklung ist unter anderem auch die Folge der Dominanz der Digitalisierung und den damit einhergehenden Möglichkeiten, schnell miteinander zu kommunizieren und miteinander zu arbeiten. Wir haben viel mehr auf unseren Tellern als früher. Budgets werden über Nacht erstellt, Buchmanuskripte laufen in weniger als zwei Tagen durch das Korrektorat. Wird eine

E-Mail nicht am selben Tag noch beantwortet, fragen wir uns schon, ob sie möglicherweise nicht angekommen ist. Die Möglichkeit der Anonymität im weltweiten Netz fördert in hohem Maß das raue und unwirtliche Klima in der Kommunikation. Wir haben so viele Themen, die gleichzeitig auf uns niederregnen, dass wir zu den sogenannten weichen Faktoren (ein paar persönliche Worte an jemanden richten, sich Zeit für jemanden oder für etwas nehmen, jemandem aufmerksam zuhören ...) kaum noch kommen, und wir versuchen, abzukürzen (meistens eben bei den weichen Faktoren, die in der heutigen Zeit ohnehin zu kurz kommen). Die Digitalisierung und die Suche nach Abkürzungen – damit meine ich alles, was den Alltag erleichtern und uns noch schneller und noch effizienter machen soll – hat mittlerweile alle Lebensbereiche erfasst: »Siri, sag dem Rasenmäher, er soll dem Poolroboter sagen, er soll meinem Mann eine kurze Nachricht schicken, dass ich eine halbe Stunde später nach Hause komme.«

Ich habe aber den Eindruck, dass sich das derzeit ein wenig ändert. Ich spüre in meinem beruflichen und privaten Alltag sehr stark den Wunsch nach mehr Echtheit, Positivität und einem wertschätzenden, solidarischen und von Empathie geprägten Miteinander, in dem Schwächen Platz haben und die Selbstverliebtheit und Ichbezogenheit (Selfie! Follower-Zahlen! Klicks! Shitstorm!) sich wieder auf ein sozial verträgliches Maß reduzieren. Diese Tendenz und diese Entwicklung möchte ich in jeder erdenklichen Weise unterstützen, unter anderem durch dieses Buch, denn mein Berufsalltag zeigt mir täglich, welch großen Schaden die vorherrschende Empathie-Blockade in unserer Gesellschaft anrichtet.

Erdbeben, Vulkanausbrüche, Tsunamis, Taifune, Pandemien: Der Mensch fürchtet sich vor Unberechenbarem – alles andere, denkt er, hat er selbst unter Kontrolle. Laut dem britischen Physiker und Astrophysiker Stephen William Hawking (1942 – 2018) gibt es allerdings eine Gefahr, die noch viel größer ist als alle Umwelt-, Gesundheits- und Wirtschaftskatastrophen: unser eigenes Verhalten. Aggression, sagte er, sei der größte Fehler der Menschheit und Empathie sei es, was die Zukunft der Menschheit sichere.

Boshaftigkeitsverbot

Der Bürgermeister von Luzzara (Emilia-Romagna in Italien), Andrea Costa, hat 2019 zu Jahresbeginn ein »Boshaftigkeitsverbot« in seiner Gemeinde erlassen. Jede »Äußerung von Boshaftigkeit, Groll oder Wut« sei den etwas mehr als 9 100 Bürgern sowohl im öffentlichen Raum als auch in den Sozialen Netzwerken untersagt. Costa will damit die Verrohung des Zusammenlebens aufhalten: »Die Verordnung ist ein legitimer Verwaltungsakt. Ich stelle seit einiger Zeit fest, dass im Hinblick auf den Umgang miteinander alle Dämme gebrochen sind. Jede Art von verbaler, aber oft auch physischer Aggression sind Tür und Tor geöffnet. Während die meisten Menschen bis vor einiger Zeit noch eine innere Schranke hatten, die nicht übertreten wurde, drischt man heute einfach verbal auf die Mitmenschen ein. Ich denke schon seit einiger Zeit über diese Verordnung nach, weil ich gemerkt habe, dass in Italien der Umgang miteinander immer rücksichtsloser wird. Da spielen auch die Sozialen Netzwerke eine Rolle, wo man kein echtes Gegenüber mehr hat, dem man die Dinge ins Gesicht sagt, sondern quasi anonym agieren kann.« Er selbst, sagt er in einem Interview mit der *Wiener Zeitung*, sei von diesem Verhalten angesteckt worden, und er habe Matteo Salvini (ein italienischer Politiker) auf Twitter als »Clown« und »gefährlichen Idioten«

bezeichnet. Das sei ein Fehler gewesen, aber der habe ihm gezeigt, dass es Zeit sei, zu handeln. Verstöße gegen die Boshaftigkeitsverordnung werden übrigens mit der Lektüre von themenbezogenen Büchern und Filmen, Museums- und Gedenkstätten-Besuchen oder ehrenamtlicher Arbeit geahndet.

Was meinen Sie? Verordnen wir uns doch einmal probeweise ein Boshaftigkeitsverbot – einen halben Tag, einen ganzen Tag lang (die Zeitspanne bestimmen Sie selbst, je nach Belieben und je nach Gelingen) nur Positives sehen, sagen, tun und damit automatisch ausstrahlen. Hier unten kommt schon der erste Input, an dem Sie sich versuchen können!

LIEBEVOLLES BETRACHTEN – EIN MAGISCHER ZAUBERTRICK

Wir plagen uns häufig sehr lange mit Situationen oder Entscheidungen herum, an denen wir etwas auszusetzen haben. Bekommen wir etwas vorgesetzt, das uns nicht gefällt oder uns widerstrebt, verzweifeln wir daran und schaffen es nicht, es von der Festplatte zu löschen und uns damit zu arrangieren. Wir verharren im Negativen, anstatt zu sagen: »Ich sehe mir das einmal an, wie könnte das gehen, wie könnte es aussehen, wenn ich es annehme?« und uns ganz bewusst darauf zu konzentrieren, was an der Entscheidung oder Situation sogar positiv sein könnte. Je länger wir uns mit dem Negativen und dem Störenden beschäftigen, desto mehr Minuspunkte werden wir finden, denn darin sind wir extrem geübt! Wir suchen reflexartig nach negativen Argumenten und nach Situationen

(»Ja aber, was ist denn, wenn dieses und jenes passiert?!«), deren Eintrittswahrscheinlichkeit gegen Null geht (manche davon lassen wir sogar teuer versichern). Über solche Ereignisse führen wir oft endlose Diskussionen von der Qualität »Was wäre, wenn das Wasser morgen bergwärts fließt?« Um etwas auszuhebeln, das uns nicht gefällt, und um ein Fundament für die zusammengeklaubten Negativ- und Kontra-Argumente zu finden, konstruieren wir Situationen und Szenarien, die nach menschlichem und rechnerischem Ermessen nicht eintreten werden.

Was wir an Fatalismus konstruieren und Energie aufwenden, um etwas Negatives zu finden

❞ Ich war am 24.3.2015 beruflich in Düsseldorf und am Nachmittag bereits wieder am Flughafen, um zurück nach Wien zu fliegen. Das war der Tag, an dem der German Wings Pilot den Flieger absichtlich gegen die Alpen flog. Als immer klarer wurde, was passiert war, fand ich mich am Flughafen umringt von Personen, die Sachen sagten wie: »Vor sechs Monaten bin ich in genau diesem Flieger gesessen« oder »Meine Güte, da hätte ich heute drin sitzen können« und so weiter.

Ich erinnerte mich an den Mai 1991. Ich befand mich damals mit zwei Kollegen auf Dienstreise in Asien, und auf deren Drängen und weil sich der Ablauf der Gespräche dort sehr viel effizienter gestaltet hatte als ursprünglich angenommen, haben wir umgebucht, um einen Tag früher nach Hause zu kommen, weil wir ohnehin schon mehr als eine Woche unterwegs gewesen waren. Flüge umzubuchen war damals noch wesentlich komplizierter als das heute der Fall ist, und ich erinnere mich auch noch, dass mir das Umbuchungsprozedere wahnsinnig auf die Nerven gegangen ist. Ursprünglich wären wir auf den Flug der Lauda Air

am 26. Mai 1991 gebucht gewesen. Durch die Umb
ren wir drei schon am Sonntagfrüh daheim. Die Boeing
»Mozart« ist damals eine halbe Stunde nach dem Start
kok abgestürzt und beim bisher schwersten Unglück der
reichischen Luftfahrtgeschichte kamen in Thailand 223 Menschen ums Leben.

Die Kommunikation war damals eine andere als heute, sehr viel langsamer insbesondere, und ich weiß noch genau, wie wir am Montagmorgen im Büro erschienen. Die Nachricht vom Absturz hatte sich wie ein Lauffeuer verbreitet und die Kollegin, die den Flug für uns gebucht hatte, wusste natürlich, dass wir mit ziemlicher Sicherheit in dieser Maschine gesessen hatten. Es war unglaublich, in welche verdutzten und erleichterten Gesichter wir geblickt haben, als wir wohlbehalten wieder auf unseren weitgehend sicheren Bürostühlen Platz nehmen konnten. Die Gespräche am Gang und bei so gut wie jeder Begegnung drehten sich tagelang um das eine Thema: »Wow, Glück gehabt«, »Stell dir vor, es hätte euch alle drei erwischt … da steht das Unternehmen still« und so weiter.

Ich fliege mehr als andere Menschen und halte mich auf mein Leben aufgerechnet wesentlich öfter in Flugzeugen und auf Flughäfen auf als andere. Daher ist es eine rein rechnerische Frage, dass ich mehrmals näher an einem Flugzeugunglück war als andere.

Auch nach dem terroristischen Amoklauf am 2. November 2020 in Wien kam kaum ein Gespräch ohne fatalistische Was-Wäre-Wenn-Aussagen aus: »Eine Bekannte war am Vormittag noch am späteren Tatort«, »Wir wollten am nächsten Tag nach Wien fahren«, »Hätte ich keine Überstunden gemacht, wäre ich vielleicht unter den Opfern gewesen« und so weiter.

»Was wäre, wenn dieses und jenes passiert wäre …« ist keine nützliche Frage, in keiner Lebenssituation. Aus diesem Grund habe ich mich immer massiv dagegen verwehrt, am 26. Mai meinen »zweiten Geburtstag« zu feiern (meine Eltern kamen in regelmäßigen Abständen mit dieser Idee auf mich zu). Die Aufmerksamkeit auf das zu lenken, was *nicht* passiert ist und was passieren *hätte können*, ist so sinnlos wie energievergeudend. Stellen Sie sich vor, Sie fahren mit dem Auto und Ihnen begegnet ein LKW, der fünf Kilometer weiter einen schweren Unfall verursacht, weil der Fahrer eingeschlafen ist. Welchen Mehrwert hat es, sich in Gedanken oder im Freundes- und Familienkreis darüber zu unterhalten, was passiert *wäre*, wenn Sie nur wenige Minuten später das Haus verlassen hätten?

Insbesondere bei negativen Ereignissen potenzieren und projizieren wir auf uns selbst. Bei positiven Ereignissen tun wir das nicht – im Gegenteil, da suchen wir nach dem Fehler und danach, was daran nicht stimmen könnte.

Gelegentlich haben wir es mit Verhaltensweisen in unserem Umfeld zu tun, mit denen wir schwer umgehen können, die uns beschäftigen, die wir nicht nachvollziehen können und die uns auf die Nerven gehen. Warum sind wir genervt? Weil wir nur das sehen, was an dem Bild *nicht* passt. Das Werkzeug, das ich Ihnen nachfolgend vorstelle, ist eines der wichtigsten und effektivsten, wenn es darum geht, uns nicht zu sehr zu verbeißen, uns nicht ins Negative »einzudrehen« und nur darauf zu warten, »dass es wieder passiert«, »dass es endlich schiefgeht«, »dass er es *schon wieder* macht« und so weiter.

❞ In einem großen Konzern, welchen ich über einen längeren Zeitraum bei einem Veränderungsprozess begleitet habe, hatte der Leiter der Finanzbuchhaltung einen sehr guten Buchhalter in seinem Team, 30 Jahre Unternehmenszugehörigkeit, nicht gerade ein Entertainer oder eine extrovertierte Persönlichkeit. Ein Mensch, der mit einer kleinen Auffälligkeit in Stilfragen den Unmut des Teams erregte: Er trug täglich Birkenstock-Patschen (österreichisch für Schlapfen beziehungsweise Pantoffeln), die er schon genau so lange hatte wie er im Unternehmen war. Er kam in der Früh zur Arbeit, zog seine Schuhe aus und die Birkenstocks an. Zum zwanzigjährigen Firmenjubiläum schenkten ihm die Kollegen ein Paar neue Birkenstocks. Die standen – und das tun sie vermutlich bis zum heutigen Tag – in der Originalverpackung hinter ihm im Aktenschrank, denn die hob er auf für die Zeit, wenn die aktuellen tatsächlich und unverhandelbar ein Fall für den Restmüll sein würden.

Das wirklich spannende an der Geschichte ist, dass seit dem Tag der Geschenkübergabe jedes Abteilungsmitglied und sein gesamtes betriebliches Umfeld darauf achtete, ob er in der Früh wieder die alten anzieht oder ob er doch endlich die neuen auspackt. Sie glauben es kaum, wie viel Energie dort hineinlief. »Das ist ja ein Wahnsinn, diese hässlichen alten Schuhe«, »Das ist ein Skandal, dass er unser Geschenk nicht annimmt«, »Was für ein komischer Vogel« und so weiter und so fort. Die negative Atmosphäre schlug über auf das gesamte Team, und an einem Seminar-Halbtag mit der ganzen Truppe ließ ich die Teilnehmer eine Liste machen mit Sachen, die sie am Buchhalter gut finden. »Extrem fleißig«, hieß es da, »sehr präzise und verlässlich« oder »hohe Gabe, Fehler auf den ersten Blick zu erkennen«. Die Kollegen hatten es überhaupt nicht schwer, positive Eigenschaften über den Kollegen niederzuschreiben. Ich sagte zu ihnen: »Sehen

Sie doch, wie viele positive Dinge hier auf dem Flipchart stehen! Betrachten Sie ihn liebevoll und nehmen Sie die Birkenstock-Thematik als eine Eigenheit hin. Wir alle haben Eigenheiten. Da ist er nun einmal so. Er tut niemandem weh damit. Er macht deshalb nichts falsch. Nur weil wir Birkenstocks aus unserem Schuhschrank verbannt haben und sie nicht einmal anziehen würden, um den Müll rauszutragen, heißt das nicht, dass andere sie nicht anziehen dürfen. Und nur weil wir sehr viel früher dran sind mit der Entsorgung abgetragener Sachen, heißt das nicht, dass andere nicht sehr viel länger damit warten dürfen.«

Liebevolles Betrachten – der magische Zaubertrick (Oder: »Iss was G'scheit's!«)

Der magische Zaubertrick des Liebevollen Betrachtens erweist sich als sehr nützlich, wenn wir feststellen, dass wir unser Gegenüber nicht ändern können. Wir haben es nicht in der Hand, ob der andere etwas abstellt oder nicht, und ich selbst habe schon mehrmals festgestellt, dass dieser Trick dazu führt, dass ich selbst plötzlich einen völlig anderen Blick auf das Geschehen habe und es mich nicht mehr stört, weil ich verstanden habe, dass es sich meiner Einflussnahme entzieht.

Ich bringe diese Erzählung gelegentlich in meinen Vorträgen und bitte zuvor um Handzeichen im Publikum, wer folgendes Problem *nicht* hat: Dass die Eltern oder Schwiegereltern ein Verhalten oder eine Eigenart zeigen, womit sie uns endlos nerven. Sie ahnen es längst: Alle Hände bleiben unten.

❞ McDonald's eröffnete in Österreich 1977 seine erste Filiale in Wien, und im oberösterreichischen Vöcklabruck folgte Anfang der 1990er-Jahre eine der ersten außerhalb einer

Landeshauptstadt. Meine beiden Söhne waren ungefähr 7 und 10 Jahre alt, und für die damalige Situation war es natürlich eine völlige Sensation, dass es eine Art Restaurant gab, das einen Drive-in hatte und wo man Essen ins Auto holen und dort verzehren konnte.

An den Wochenenden besuchten wir häufig meine Eltern, die in Bad Ischl lebten und auf dem Weg von Ried im Innkreis – wo wir damals lebten – nach Bad Ischl kamen wir in Vöcklabruck vorbei. Wenn in der Woche zuvor in der Schule alles in Ordnung gewesen war, fuhren wir auf dem Weg zu Oma und Opa in den Drive-in, um dort eine Kleinigkeit zum Essen im Auto zu holen.

Meine Eltern lebten im obersten Stockwerk eines Mehrparteienhauses in Bad Ischl, wir klingelten, um unsere Ankunft anzukündigen, stiegen in den Lift, der nicht bis ganz nach oben ging, sondern dessen Endstation zwischen viertem und fünftem Stockwerk war. Zu meinen Eltern führte dann eine kurze Treppe, die die Jungs im Laufschritt nahmen, um als erstes bei den Großeltern zu sein und sie zu begrüßen. In der Tür stand bereits meine Mutter, um die Enkel in Empfang zu nehmen und folgenden Dialog zu starten, der zum Ritual wurde:

»Habt ihr heute schon was Gescheites gegessen?« (etwas Gescheites, österreichisch, synonym für etwas Ordentliches, etwas Gesundes, Anm.)

»Ja, Oma. Wir waren bei McDonald's«, antworteten die Söhne.

»Aber das ist doch nichts Gescheites.«

Inzwischen waren meine damalige Frau und ich ebenfalls oben angelangt, um wiederum den zweiten Teil des rituellen Dialogs über uns ergehen zu lassen, dessen Text wir schon kannten und mit leicht erhöhtem Blutdruck erwarteten:

»Du wirst deine Kinder noch einmal vergiften!«, sagte meine Mutter nämlich alle zwei Wochen in einem zischenden Ton.

Die meisten von uns haben ein ähnliches Thema mit nahestehenden Personen, und vermeintliche Kleinigkeiten wie diese können einen gehörig auf die Palme bringen, das weiß ich aus eigener Erfahrung. Der Trick des Liebevollen Betrachtens hat mich von einer Minute auf die andere umdenken lassen: Aufschreiben oder in Gedanken durchspielen, was man am anderen gut findet – so lautet der Trick; einfach, aber magisch. Sich bewusst machen, was man am anderen schätzt.

Ich hatte nur das Negative gesehen (dass meine Mutter uns vorwirft, unsere Kinder zu vergiften, sprich: nicht für eine ausgewogene und gesunde Ernährung zu sorgen), war dauernd in der Verteidigungshaltung festgefahren bis hin zu Überlegungen, anzudrohen, nicht mehr zu Besuch zu kommen, wenn sie mit dieser absurden Unterstellung nicht aufhört. Dazu ist es natürlich nie gekommen, denn das hätten weder die Enkel noch wir ausgehalten. All das hatte sich über Wochen und Monate aufgestaut, bis ich mich irgendwann an diese Übung, diesen Trick des Liebevollen Betrachtens erinnerte, mich bewusst hingesetzt und das Gelernte zur Anwendung gebracht habe. Und selbstverständlich: Als ich mir vor Augen geführt hatte, was ich an meiner Mutter schätze und liebe, kam mir alles andere völlig lächerlich vor.

Beim Trick des Liebevollen Betrachtens machte ich mir also Gedanken: An manchen Sonntagen bei meinen Eltern gab es tatsächlich, wenn mein Bruder mit seiner Familie ebenfalls zu Besuch war, vier verschiedene Gerichte – jeder der vier Enkelsöhne hatte sein Lieblingsgericht, und jedes davon gab es.

Die ganze Familie mochte Gurkensalat. Ich auch. Aber ich mag ihn besonders, wenn Kartoffeln unter den Gurken sind. Wann immer es Gurkensalat gab, gab es zwei Versionen davon: eine nur mit Gurken und eine für mich – mit Kartoffeln.

Meine Mutter war eine hervorragende und leidenschaftliche Köchin, und es gab kaum ein Gericht ohne Butter. Mit meiner Phase, keine Butter mehr zu essen, hatte sie ihre Probleme. Eines Tages setzte sie sich zu mir an den Frühstückstisch und teilte mir mit besorgter Miene mit, sie habe in der BUNTE gelesen, dass man auf Dauer ohne Butter überhaupt nicht leben könne. »Da stirbt man«, flüsterte sie mit einem bangen Unterton und einem angestrengten Gesichtsausdruck.

Heute, wo ich das so hinschreibe, wünsche ich mir die Situation zwischen Lift- und Wohnungstür zurück und ich würde meiner Mutter gern sagen, dass ich dankbar bin für jede Minute mit ihr. Und das spiegelt auch in etwa das Gefühl wider, das ich nach dieser gedanklichen Übung hatte.

Der magische Zaubertrick funktioniert sowohl in Schriftform als auch in Gedanken. Denn nachdem ich die Übung der Liebevollen Betrachtung absolviert hatte, war meine Haltung jener nervigen Situation gegenüber plötzlich eine völlig andere, eine grundlegend positive nämlich, und ich instruierte an jenem Sonntag die Kinder.

” Nachdem ich mir vor Augen geführt hatte, was ich an meiner Mutter alles unglaublich liebe und schätze, wurde mir bewusst, dass ich das schwelende Thema gern aus der Welt schaffen wollte. Deshalb habe ich meine Söhne angeleitet und ihnen gesagt: »Heute machen wir es einmal ganz anders. Wenn heute die Oma oben steht und auf euch wartet, wie immer fragt, ob ihr schon etwas gegessen habt, dann lasst sie bitte nicht ausreden, sondern sagt ihr einfach, dass ihr noch nicht vergiftet seid, sagt, ihr, ihr wart bei McDonald’s, aber ihr habt ohnehin schon wieder Hunger und ihr freut euch aufs Essen!«

Die Aufzugstür öffnete sich, die Kinder stürmten nach oben und riefen meiner Mutter entgegen: »Halt! Oma! Sag nichts! Nein, wir sind noch nicht vergiftet. Ja, wir waren beim McDonald's. Aber wir essen auch gern bei dir noch was, wir haben sowieso schon wieder Hunger!«

Meine Mutter hat natürlich sofort gemerkt, dass etwas anders war als sonst. Sie hat schallend gelacht, hatte Tränen in den Augen und sagte: »Ja, ich weiß, du magst es überhaupt nicht, wenn ich sage, dass du irgendwann deine Kinder vergiften wirst …«

Wir haben uns fest umarmt, und ich habe den Satz mit dem Vergiften nie wieder gehört. Im Gegenteil, sie hat mich ab diesem Tag schon angerufen, als wir noch im Auto saßen und am Weg zu ihr waren, um mich zu fragen, ob und was die Buben schon gegessen hatten. Denn ab da war ja noch eine Stunde Zeit, bis wir in Bad Ischl sein würden und sie konnte sich noch die eine oder andere kulinarische Überraschung für uns ausdenken.

Was oder wer auch immer Ihnen auf die Nerven oder gegen den Strich geht, wer oder was auch immer Ihnen Unbehagen bereitet: Beim magischen Zaubertrick des Liebevollen Betrachtens geht es darum, etwas zu finden, und wenn es nur eine winzige Kleinigkeit ist, die Sie gut finden oder die Ihnen am anderen gefällt. Denken Sie kurz an den Buchhalter mit seiner Eigenheit in Stilfragen zurück und an meine Mutter, die uns vorwarf, unsere Kinder mit den Snacks vom Schnellimbiss zu vergiften.

Sobald wir uns auf jemanden eingeschossen haben, wenn uns jemand nervt, sobald uns etwas stört, drehen wir ab in Richtung selbsterfüllende Prophezeiung. Wir sind beinahe enttäuscht, wenn ein Ärgernis nicht eintrifft. Wenn der neue Nachbar mit einer Affinität zu Aretha Franklin dazu neigt, laut

Musik zu hören (*zu* laut für Ihren Geschmack), dauert es nicht lange und Sie kennen seine Routine. Sie wissen, dass er um zirka 17.30 Uhr von der Arbeit nach Hause kommt und spätestens um 17.45 Uhr »*Say a little Prayer*« aus seinen Boxen dröhnt. Wenn es um 18.30 Uhr immer noch still ist, spitzen Sie angestrengt Ihre Ohren und fragen sich, ob er möglicherweise auf Dienstreise oder Urlaub ist, denn Sie haben bereits auf die Störung gewartet und sind geradezu enttäuscht, dass sie nicht eintritt. Ich stehe nicht an zuzugeben, dass ich erstaunt gewesen wäre, hätte meine Mutter den Satz mit dem Vergiften plötzlich ausgelassen und ebenso überrascht wären die Kollegen des Buchhalters gewesen, hätte er plötzlich die neuen Birkenstocks ausgepackt und angezogen.

Geben Sie der negativen Energie keinen unnötigen Schwung, indem Sie regelrecht darauf warten, dass Ereignisse eintreten, die Ihnen auf die Nerven gehen. Fragen Sie sich: Wofür mögen Sie den anderen? Was gefällt Ihnen an der neuen Situation? Was finden Sie an der anstehenden Veränderung gut? Sie werden sehen: Sobald Sie nur eine Kleinigkeit gefunden haben, werden Sie die Situation oder den Menschen völlig neu und positiver bewerten können.

Wenden Sie den magischen Zaubertrick des Liebevollen Betrachtens auch regelmäßig bei sich selbst an. Die Modedesignerin Victoria Beckham hat das 2016 in einer Ausgabe der *British Vogue* mit einem Brief an sich selbst gemacht und einen liebevollen Blick auf ihre modische Vergangenheit geworfen. Ich kenne Menschen, die die Übung regelmäßig anwenden und ich kann sie Ihnen nur ans Herz legen! Es ist egal, ob Sie sich einen Brief schreiben oder ob Sie Eigenschaften in Stichwortform niederschreiben. Es würde mich nicht wundern, wenn Ihnen schon während des Schreibens klar würde, wie streng Sie manchmal mit sich selbst sind. Lassen Sie ein wenig Zeit vergehen und werfen Sie immer wieder einen Blick auf diese Aufzeichnungen – Sie werden über Ihre eigene Entwicklung und Ihr Wachstum staunen. Mitten am Weg ist uns oft gar nicht bewusst, wie weit wir tatsächlich schon gekommen sind.

ZWEI VORAUSSETZUNGEN, DREI FRAGEN

Craving (englisch für Verlangen) ist ein Begriff aus der Suchtmedizin und bezeichnet ein unwiderstehliches Verlangen, das bis hin zum Zwang gehen kann. Beim Betroffenen besteht der starke Wunsch, einen Stoff zu konsumieren (Nikotin, Medikamente, Alkohol, Drogen und so weiter) oder einer bestimmten Tätigkeit (Spielsucht) nachzugehen. Die Patienten wissen in den meisten Fällen, dass ihr Verhalten ungesund ist und ihnen selbst und ziemlich sicher auch ihrem Umfeld schadet. Aber die Sucht ist mächtig. Es ist Arbeit, sie zu überwinden. Auf das Negative gepolt zu sein ist auch eine Art von Suchtverhalten. Erinnern Sie sich an die ausgetretenen Pfade im Garten, die ich am Anfang des Buchtextes beschrieben habe (siehe Seite 30)? In Druck- oder Stresssituationen wird es uns immer wieder einmal passieren, dass wir in unser altes Verhalten kippen, aber je öfter wir Wertschätzung ausüben und erfahren, desto breiter wird der neue Weg, und irgendwann hat unser Organismus eine neue Sucht in jedem erdenklich positiven Sinne entwickelt. Denn wir merken, dass es extrem angenehm ist, auf die positive Seite zu wechseln – sowohl für uns selbst als auch für die anderen. Die positiven Rückmeldungen, die wir plötzlich so vermehrt bekommen und die Reaktionen der anderen auf unser positiv geprägtes Verhalten – auf all das werden wir nicht mehr verzichten wollen. Starten Sie doch heute einfach gleich mit dem Zaubertrick des Liebevollen Betrachtens (siehe Seite 159) – suchen Sie sich eine Person in Ihrem Umfeld aus, die Ihnen so mittelmäßig auf die Nerven geht (wir müssen ja nicht gleich mit der Königsdisziplin und dem Nachbarn starten, mit dem Sie sich gerade im Rechtsstreit befinden). Sie werden sehen und spüren, wie gut das sowohl Ihnen als auch Ihrem Gegenüber und Ihrem Umfeld tut! Sie werden nicht mehr zurückwollen in die Negativwelt.

Es gibt nur zwei Voraussetzungen, unter denen wir bereit sind, unser Verhalten zu ändern

Es gibt nur zwei Voraussetzungen, unter denen wir bereit sind, unser Verhalten zu ändern. Der Leidensdruck ist entweder so groß (»so groß« bedeutet konkret »*zu* groß und *zu* viel«), dass er nicht mehr ausgehalten wird und deshalb die Anstrengungen, die es für die Veränderung braucht, gern und ohne Umschweife in Kauf genommen werden. Oder das, was uns nach der geglückten Veränderung erwartet, ist so viel schöner als das Gegenwärtige, dass wir keinesfalls darauf verzichten wollen.

Niemand wacht in der Früh in einer funktionierenden Ehe oder Beziehung neben seinem Partner auf und denkt sich: *Heute ist Montag, was mache ich heute eigentlich, heute könnte es langweilig werden, eigentlich könnte ich zum Anwalt gehen und die Scheidung einreichen.* Auf die Idee kommt niemand, wenn nicht mindestens eine der oben genannten Voraussetzungen vorliegt. Im Fall einer Trennung liegen oft beide Gründe vor – man hält es in der alten Beziehung nicht mehr aus und will auf den neuen Partner nicht verzichten.

Jeder Entscheidung für eine Veränderung ist ein Prozess vorausgegangen. Der kann kürzer oder länger gewesen sein, je nach Persönlichkeit und je nach Thema. Es mag Höhen und Tiefen gegeben haben, es können schmerzhafte und kränkende Zeiten gewesen sein, es kann etwas passiert sein, das uns sehr schnell entscheiden hat lassen oder es kann ein schleichender Prozess gewesen sein, in dem wir irgendwann festgestellt haben, dass wir uns in der gegenwärtigen Situation nicht mehr wohl fühlen und etwas ändern möchten. Das bedeutet, dass entweder irgendwann der Leidensdruck groß genug war oder aber, dass uns das, was uns nach der Veränderung erwartet, die Anstrengung wert war.

In den Lebensmittelgeschäften sieht man während der Pandemie sehr gut, was unter Leidensdruck möglich ist: Hätte man früher von den Kunden verlangt, beim Einkaufen eine Maske zu tragen, damit sie sich nicht mit der Grippe anstecken, hätten es die für die Umsetzung verantwortlichen extrem schwer gehabt. Jetzt kommt ein Virus, für das es noch keine Impfung gibt, und plötzlich klappt es flächendeckend mit der Maske. Nur einige wenige echauffieren sich während der Pandemie noch über das Thema Datenschutz – bereitwillig laden wir Apps auf unsere Mobiltelefone, die uns sagen, ob wir mit »kritischen Kontakten« konfrontiert waren, wir füllen Datenblätter aus, wenn wir uns über Grenzen begeben oder Restaurants besuchen, wir schönreden, »dass heutzutage ohnehin jeder transparent wäre«. Kein Unternehmer spricht mehr darüber, ob die Homeoffice-Lösung im Sinne des Unternehmens und im Sinne der Kollegenschaft ist.

Als die ersten Mobiltelefone auf den Markt kamen, gab es keinen Leidensdruck. Wir hatten Drehscheibentelefone mit meterlangen Kabeln, damit wir uns beim Telefonieren durch den Raum bewegen konnten. Niemand hat gesagt: »Das ist doch eine Zumutung, ich halte das nicht aus, das muss doch kabellos gehen und ich will außerdem überall erreichbar sein, beim Sport, beim Wandern, im Freibad.« Plötzlich gab es diese Mobiltelefone, mit denen man später sogar fotografieren konnte, und recht schnell war das für die meisten von uns so attraktiv, dass es nicht mehr ohne ging.

Was sich der Flugbetrieb schon alles ausgedacht hatte, um das Boarding und De-Boarding reibungsloser zu gestalten! Denn: Sobald das Flugzeug am Boden ist und egal, wie oft der Flugbegleiter zum Sitzenbleiben auffordert, springen so gut wie alle auf, reißen ohne Rücksicht auf Verluste ihre Gepäckstücke an sich und verstopfen den Gang. Ich saß im Spätherbst 2020 im Flugzeug von Stuttgart nach Wien. Plötzlich klappte das De-Boarding völlig reibungslos. Es wurde nach Reihen aufgerufen (nicht, dass die Airlines das nicht schon früher versucht hätten), und jeder hielt sich daran. Keiner stand auf, der nicht an der Reihe war. Reihe 1 – 5, Reihe 6 – 12, Reihe 13 – 18 – unter normalen Umständen war das nicht zu schaffen, aber in Zeiten einer Pandemie reicht der Leidensdruck offenbar aus, um seine Ungeduld zu zähmen.

Wir müssen uns bei jeder auf uns einwirkenden Veränderung, und sei sie noch so klein, aus unserer Komfortzone des Bekannten und Bestehenden heraus bewegen und sind gefordert, uns auf neues Terrain zu begeben. Das tun wir nicht aus einer Laune heraus. Wir Menschen sind genetisch auf Sicherheit konditioniert, schon unsere Vorvorvorfahren haben darauf geachtet, wo sie sicher vor Unwettern sind, sich vor dem Feind schützen und verstecken können, wo sie Nahrung finden, ihren Nachwuchs versorgen können und so weiter. Es wohnt uns seit Beginn des Lebens auf der Erde inne, dass wir selbst bei Kleinigkeiten abwägen. Damit wir uns für eine Veränderung entscheiden, muss also mindestens eine der beiden Voraussetzungen erfüllt sein – bei schwerwiegenden Entscheidungen sind es meistens beide: Der Leidensdruck in der bestehenden Situation ist so hoch, dass wir diesen nicht mehr ertragen oder das, was wir durch die Veränderung erhalten, ist so attraktiv, dass wir keinesfalls mehr darauf verzichten möchten.

Drei Fragen führen uns zur Entscheidung (Oder: »Warum im März der Sommer beginnt!«)

Die Veränderung beginnt also dort, wo die Komfortzone endet. Das *Craving* lässt uns sehnsüchtig auf den bereits ausgetretenen, gefahrlosen, bekannten Pfad im Garten blicken. Denken Sie an einen starken Raucher, der sich das Rauchen unter größten Entzugserscheinungen erst dann abgewöhnt, wenn sich die ersten schweren gesundheitlichen Probleme einstellen (Leidensdruck). Viele von uns, die meisten wahrscheinlich, kennen die Situation, in der auch wir gern bereit sind, uns von einem Mobiltelefon, einem Computerprogramm, einem Auto mit Gangschaltung zu trennen, uns damit von Liebgewonnenem verabschieden und »umlernen«, weil das neue Mobiltelefon, das neue Computerprogramm oder das Auto mit Automatikgetriebe derart attraktiv für uns ist, dass wir es unbedingt haben und keinesfalls darauf verzichten wollen.

Für den Prozess der Entscheidungsfindung möchte ich Ihnen ein Werkzeug in die Hand geben, mit dem ich selbst seit Jahrzehnten arbeite. Es ist sehr einfach und seine Wirkung wird sie möglicherweise verblüffen – es sei denn, Sie haben mein erstes Buch gelesen, dann kennen Sie es schon. Lassen Sie mich dafür eine Geschichte erzählen, anhand der ich auch in meiner täglichen Arbeit, sowohl in Coachings als auch Seminaren, die praktische Handhabung dieses Werkzeuges gern zeige.

» Einer meiner Söhne begann seine berufliche Karriere vor mehr als zehn Jahren bei einem großen Modehandelshaus mit Standorten in ganz Mitteleuropa, das ein attraktives Produktportfolio und vielversprechende Ausbildungs- und Aufstiegsmöglichkeiten bot. Seine Tätigkeit begann mit einer einwöchigen Einschulung, um ihn für die Tätigkeit auf der Verkaufsfläche vorzubereiten. Ziel des Trainingsprogramms war es, dass alle neuen Mitarbeiter das Unternehmen, seine Abläufe und seine Philosophie in allen wesentlichen Firmenbereichen kennenlernen, auch wenn – wie in seinem Fall – das eigentliche Einsatzgebiet in einer ganz anderen Abteilung sein würde. Mein Sohn startete also direkt auf der Verkaufsfläche, wo es zunächst darum ging, einfache Tätigkeiten zu erledigen. Wie zum Beispiel die roten Pullover richtig zusammenzulegen, die anprobierten Kleidungsstücke wieder in Empfang zu nehmen und zurückzulegen, Kunden exakt nach Reglement zu empfangen und zu betreuen. Dazu gab es zuvor eine mehrtägige Schulung, in der das Regelwerk für die Verkaufsfläche detailliert vermittelt wurde. Mein Sohn war hochmotiviert, da er vom Unternehmen sehr begeistert und unsere Familie schon langjähriger Kunde war, das durchdachte Einschulungsprogramm beeindruckte ihn. Und los ging es!

Direkt im Anschluss an die Einführungs- und Einschulungsveranstaltung für die Verkaufsfläche rief mich mein Sohn an und ich ortete sofort, dass irgendetwas nicht in Ordnung war.

Ich fragte ihn:

»Und – wie war es?!«

»Super, aber die beschneiden deine Persönlichkeitsrechte«, sagte mein Sohn. (Sie kennen das vielleicht, wenn jemand frisch von der Universität und aufgrund der vielen Erfolgserlebnisse bestandener Prüfungen höchst selbstbewusst am ersten Arbeitsplatz aufschlägt.)

»Warum denn?«, fragte ich.

»Es müssen drei Bedingungen erfüllt sein, die unser Erscheinungsbild betreffen ...«, berichtete er.

»Aha, welche drei sind das?«

»Erstens, und damit habe ich kein Problem: Wenn wir auf der Verkaufsfläche arbeiten, dürfen keine Tattoos und Piercings sichtbar sein.«

Okay, dachte ich, er hat weder Tattoos noch Piercings, also ließ ich ihn weiter erzählen.

»Zweitens, und das ist für mich schon ein leichtes Problem: Wenn wir bei der Premiumware oder bei der Oberbekleidung arbeiten, müssen wir jeden Tag glattrasiert sein.« (Mein Sohn war damals der Ansicht, er sähe mit einem Dreitagebart besser aus als glatt rasiert.) Nun gut, ich ließ ihn weiter berichten.

»Drittens, und jetzt kommt's: Von uns wird erwartet, dass wir die Ware, die wir verkaufen, auch selbst tragen.«

Das klingt aufs Erste selbstverständlich, aber Bedingung Nummer drei ging noch weiter und mein Sohn zitierte die Trainerin:

»Wenn wir Sommerware verkaufen, tragen Sie Sommerware. Wenn wir Winterware verkaufen, tragen Sie Winterware. Unter Sommerware verstehen wir bei den Herren beispielsweise helle Mokassins, keine Socken, helle Chinos, Poloshirt und Leinensakko.«

Woraufhin sich einer der 15 Teilnehmer gemeldet und gesagt hatte, das verstehe sich doch ohnehin von selbst, dass die Ware zu tragen sei, die auch verkauft werden soll.

»Ja, das stimmt«, hatte die Trainerin geantwortet, »aber in unserem Unternehmen beginnt der Sommer am 1. März.«

Nach einer kurzen Nachdenkpause hatte sich dann auch mein Sohn zu Wort gemeldet:

»Moment!« wandte er ein, »Ich werde am Innsbrucker Standort arbeiten, und wenn ich Pech habe, dann hat es am 1. März Minusgrade und 30 Zentimeter Neuschnee. Die Personen, die zu mir kommen, tragen Daunenjacke und Mütze und Sie möchten von mir, dass ich mit Mokassins, Leinensakko, Polo und hellen Chinos dastehe? Da mache ich mich doch lächerlich!«

Daraufhin hatte die Trainerin geantwortet:

»Das ist alles richtig, Herr Zulehner, aber in unserem Unternehmen ist ab 1. März trotzdem Sommer.«

»Aber das ist doch nicht so schlimm, darauf kann man sich doch einstellen«, wandte ich ein.

Dennoch, mein Sohn tat sich unglaublich schwer damit, eine Regel hinzunehmen, die Jahreszeiten verschob und ließ nicht locker, erzählte die Geschichte seiner Mutter und dem älteren Bruder.

Mir war klar, dass ich etwas unternehmen musste, denn es war Anfang September und mein Sohn würde die kommenden Monate nichts anderes machen, als darauf zu warten, dass es am 1. März in Innsbruck schneit, und dann an diesem Tag nichts lieber tun, als in Sommerbekleidung zu seinem Vorgesetzten zu gehen und ihn zu fragen:

»Ist das Ihr Ernst?«

Jetzt ging es darum, ihn da herauszuholen und dafür zu sorgen, dass ihn das die kommenden 6 Monate (in Worten: sechs) nicht jeden Tag nervt und er sich nicht jeden Tag in seinen Persönlichkeitsrechten beschnitten sieht. Ich bat ihn, sich zu mir zu setzen und schlug ihm vor, ihm eines meiner Werkzeuge zu zeigen.

»Die gute Nachricht ist ...«, sagte ich, »dass du drei Möglichkeiten hast, mit dieser Situation umzugehen ...«

Die schlechte Nachricht ist: es gibt nichts dazwischen. Du musst dich für eine der drei Varianten entscheiden.«

Ich fuhr fort:

»Erstens: Du kannst versuchen, es zu ändern. Du rufst den Eigentümer dieser Kaufhauskette an. Du sagst: ›Grüß Gott, hier ist Zulehner, ich werde am Standort 6020 Innsbruck arbeiten, und ich sage Ihnen, das mit dem Sommerbeginn am 1. März ist für diesen Standort eventuell nicht so schlau, weil ...‹

Wenn er dir zuhört – und dieser Eigentümer ist einer, der zuhört – dann wird er sagen: ›Danke, Herr Zulehner, dass Sie mir das sagen, aber glauben Sie mir, wir wissen schon, was wir hier tun!‹.

Das ist heute in allen Unternehmen so, wenn eine Entscheidung getroffen wird, dann sagen die Entscheidungsträger nicht: ›Warten wir einmal ab, was die Mitarbeiter dazu sagen‹, sondern die wissen schon, was sie tun und sind schon sicher, dass sie die richtige Entscheidung getroffen haben«, sagte ich und fragte meinen Sohn:

»Also: Kannst du es ändern?«

»Nein Paps, du hast recht, ändern kann ich es nicht«, antwortete mein Sohn.

»Zweite Möglichkeit ...«, fuhr ich fort,

»du kannst es lassen. Du kannst sagen: ›Für ein Unternehmen, das möchte, dass ich am 1. März Sommerkleidung trage, obwohl draußen Schnee liegt, arbeite ich nicht.‹ Wenn du es aber lässt und in einem anderen Unternehmen anfängst zu arbeiten, darfst du davon ausgehen, dass du auch dort mit Entscheidungen konfrontiert wirst, die du selbst so nicht getroffen hättest.

Also: Willst du es lassen?«, fragte ich.

»Nein, will ich nicht, das ist ja ein tolles Unternehmen«, antwortete mein Sohn.

Er hatte sich schließlich durch einen intensiven Auswahlprozess mit mehr als 100 Kandidaten gekämpft.

Abschließend sagte ich zu ihm:

»Wenn du es nicht ändern kannst und wenn du es nicht lassen willst, dann hast du nur noch eine Möglichkeit:

Du musst es annehmen, und zwar ohne Wenn und Aber.«

So wenig sinnvoll es ist, auf jemanden neidisch zu sein, der zwanzig Zentimeter größer geraten ist als wir selbst, so wenig sinnvoll ist es, mit Situationen zu hadern, die wir nicht ändern können und auch nicht lassen wollen. Wozu weiter Energie vergeuden? Die Entscheidung ist im Grunde schon gefallen: Wir wollen etwas weder ändern noch lassen. An diesem Punkt bleibt nur mehr eine Möglichkeit: nämlich die des Annehmens, und zwar ohne Wenn und Aber.

Die drei Fragen können Sie auf nahezu jede Lebenssituation anwenden, in der Sie vor einer Entscheidung stehen:

1. Können Sie es ändern?
2. Wollen Sie es (ver)-lassen?
3. Nehmen Sie es an – und zwar ohne Wenn und Aber?

Was geschieht, wenn wir etwas halbherzig und nicht ohne Wenn und Aber annehmen, ist anhand folgender Überlegung hervorragend visualisierbar:

In Großbritannien wird in regelmäßigen Abständen darüber diskutiert, von Links- auf Rechtsverkehr umzustellen. Das würde ein vierstelliges Milliardeninvestment bedeuten, denn alle Verkehrszeichen wären falsch und müssten ausgetauscht werden, und alle Bodenmarkierungen ebenso. Die Busse hätten die Türen auf der verkehrten Seite, und jeden Blindenhund müsste man auf die andere Seite umschulen, denn der würde im Falle der Umstellung auf Rechtsverkehr auf der falschen Seite Ausschau nach einem Fahrzeug halten. Allein in Großbritanniens Hauptstadt London gibt es über 8 000 Busse und rund 400 Blindenführhunde.

Stellen wir uns vor, Großbritannien hätte sich – wild entschlossen wie beim Brexit – für die Umstellung auf Rechtsverkehr entschieden, der Bürgermeister von London wäre aber nicht ganz einverstanden und würde sich denken *Herrje, wem ist denn der Unsinn eingefallen* und versuchen, die Entscheidung rückgängig machen. Er möchte es ändern, muss aber feststellen, dass die Parlamentarier boykottieren und blockieren, was das Zeug hält und ihm nicht einmal zuhören.

»Kann ich es ändern?«, fragt sich also der Bürgermeister von London. Nein, denn sie hören mir nicht einmal zu, antwortet er im Zwiegespräch mit sich selbst.

»Will ich es lassen?«, fragt sich der Bürgermeister also.

»Auf keinen Fall, ›Bürgermeister von London‹ ist ein geiler Job, den will ich auf keinen Fall aufgeben, nein, lassen will ich es nicht!«, beantwortet der Bürgermeister seine eigene Frage.

»Ich nehme die Herausforderung also an. Wir stellen um von Links- auf Rechtsverkehr«, sagt sich der Bürgermeister.

Und jetzt stellen Sie sich bitte vor, er würde diese Entscheidung nicht ohne Wenn und Aber treffen. Stellen Sie sich vor, der Bürgermeister würde heimlich denken: »Es wird ohnehin nicht so heiß gegessen wie gekocht, vielleicht überlegen die sich das noch einmal und kommen zur Vernunft. Starten wir eben an dem Tag, an dem das gelten soll, vorerst nur mit den LKWs und lassen die auf der rechten Seite fahren … «

Man kann sich unschwer vorstellen, was dann passiert – das Chaos wäre perfekt!

Wenn Sie sich dafür entschieden haben, eine Entscheidung anzunehmen, weil Sie etwas (oder jemanden) weder ändern noch (ver)lassen möchten, müssen Sie etwas oder jemanden annehmen – und zwar kompromisslos und ohne Wenn und Aber.

Möglicherweise wird sich der eine oder andere unter Ihnen denken, dass das aber nun wirklich nicht sein kann, sich beispielsweise mit einer Unternehmensentscheidung identifizieren zu müssen, die ihm von oben herab übergestülpt wurde und die obendrein in seinen Augen noch großer Schwachsinn ist.

Dafür möchte ich Ihnen folgende Unterscheidung mit auf den Weg geben, die in so einer Sachlage hilfreich sein kann: Sie müssen sich überhaupt nicht identifizieren mit Entscheidungen, die Sie nicht selbst getroffen haben. Das kann von Ihnen niemand verlangen. Wenn Sie aber zum Schluss kommen, Sie können es nicht ändern, Sie wollen es nicht lassen, sondern Sie wollen es annehmen – dann darf von Ihnen erwartet werden, dass Sie die Entscheidung zu 100 Prozent mittragen.

Etwas mitzutragen oder sich mit etwas zu identifizieren sind zwei völlig unterschiedliche Dinge: »Nachdem ich es nicht ändern kann und es nicht lassen will, werde ich die Entscheidung zu 100 Prozent mittragen, und zwar ohne Wenn und Aber.« – Sie dürfen aber durchaus auch sagen: »Es ist nicht meine Entscheidung, aber nachdem ich es nicht ändern kann und es nicht lassen will, werde ich sie mittragen, und zwar ohne Wenn und Aber.«

Stellen Sie sich folgende Situation vor: Sie stehen im Stau. Können Sie es ändern? Nein.

Wollen sie es lassen? (Sprich: Sie fahren Ihr Auto rechts ran, gehen zu Fuß weiter und leiten unterwegs telefonisch alles in die Wege, dass Ihnen Ihr Wagen nach Hause gebracht wird.) Nein.

Deshalb: Nehmen Sie die Situation an, und zwar in derselben Minute, in der sie eintritt, ohne Wenn und Aber.

Hier weiß ich sehr gut, was ich Ihnen da empfehle, denn früher wäre ich am liebsten ausgestiegen, sobald ich im Stau stand, um zu Fuß an den Stauanfang zu marschieren und mir den schlauen Staatsbürger anzusehen, der Ende November immer noch mit Sommerreifen am Start ist, sein Auto quergestellt hat, und das, obwohl der massive Schneefall seit Tagen prognostiziert war. Inzwischen – und das hat lange gedauert – bin ich imstande zu sagen: »Ich kann es nicht ändern, ich will es nicht lassen, also nehme ich es an«, greife nach hinten, hole meinen Computer nach vorn und bearbeite meinen Posteingang, denn mit der ungeplanten Wartezeit im Stau kann ich viel Besseres und Wirksameres anfangen, als mich darüber zu ärgern.

WIE SIE GANZ SICHER UND IM HANDUMDREHEN EINE ENTTÄUSCHUNG EINFAHREN – UND WIE SIE DAS VERMEIDEN KÖNNEN

Ich glaube, das kennt jeder von uns: Jemand anderer macht in unseren Augen etwas falsch. Etwas, das nicht mit unseren Werten, unseren Ansprüchen oder unseren Vorstellungen übereinstimmt: Bekannte, die trotz Pandemie ihre Freunde einladen oder feiern gehen. –Nachbarn, die am Samstagabend den Rasen mähen. – Menschen, die online bestellen, anstatt die regionalen Händler zu unterstützen. – Männer mit Pickups, die weder Jäger noch Förster sind. – Frauen mit einem augenscheinlichen Faible für Schönheitsoperationen. – Eltern, die ihren Kindern zu viele Freiheiten gewähren. – Eltern, die ihren Kindern zu wenige Freiheiten gewähren. – Menschen, die Fleisch essen. – Menschen, die sich vegan ernähren. – Fluggäste, die sich abschnallen und aufspringen, bevor das Anschnallzeichen erloschen ist und ihre Reihe aufgerufen wird. – Schnellfahrer bei winterlichen Fahrverhältnissen. – Die Kollegin, die in ein Burnout schlittern wird, wenn sie so weitermacht. – Der Kollege, der einen Herzinfarkt bekommen wird, wenn er nicht bald an Gewicht verliert. – Die Nachbarin, die es mit dem Grüßen nicht so genau nimmt. – Der Kunde, der tagelang braucht, um auf Ihre E-Mail zu antworten.

Wenn Sie ganz sicher eine Enttäuschung erleben wollen, dann gehen Sie von sich aus, von Ihren eigenen Vorstellungen und Erwartungen! Machen Sie sich selbst zum Maßstab für Verhaltensweisen jedweder Art! Wenn Sie sich von dieser Haltung nicht verabschieden und dafür zum gedanklichen Test obige Beispiele heranziehen, erleben Sie mit Sicherheit eine Enttäuschung nach der anderen, denn:

Nicht allen fällt es immer leicht, sich auf Punkt und Komma an die strengen und teilweise unübersichtlichen Regeln während dieser Ausnahmesituation der Pandemie zu halten. Manche sind schlichtweg auch nicht einverstanden mit bestimmten Vorschriften, das kann verschiedenste Gründe haben, und es ist erlaubt, etwas anders zu sehen als der Rest. – Nicht jedem ist überhaupt bewusst, dass es Verbotszeiten für das Rasenmähen gibt. –Nicht jeder ist davon überzeugt, dass Regionalität auch gleichzusetzen ist mit höherer Qualität, und kauft daher nach seinen eigenen Maßstäben ein. – Es *darf* Volksschullehrer mit einem Faible für Pickups geben, vielleicht trennt der Herr Lehrer dafür den Müll dreimal so genau wie Sie das tun und produziert seinen eigenen Kompost für den Garten? – Schönheitsempfinden ist etwas sehr Individuelles und es ist ebenfalls nicht verboten, die operativen Möglichkeiten zu nutzen und sich seinem persönlichen Schönheitsideal anzunähern, auch wenn *Ihnen* dieser offensichtlich operierte Look nicht gefällt. – Wie Eltern ihre Kinder erziehen, hängt von vielen Faktoren ab, auch davon, wie sie selbst aufgewachsen sind, und schon daraus leitet sich ab, dass in Erziehungsfragen nicht alle der gleichen Meinung sein können wie Sie. – Auch für die Ernährung gibt es keine allgemeingültige Regel, jeder soll und darf sich so ernähren, wie er das für richtig hält. – Nicht jeder ist mit dem gleichen Maß an Geduld ausgestattet wie Sie, hatte vielleicht einen unangenehmen Sitznachbarn im Flieger, hat einen Anschlussflug und es könnte knapp werden, vielleicht hat er Durchfall oder Flugangst und kann es deshalb kaum erwarten, das Flugzeug zu verlassen. – Nicht alle können so vorausschauende Autofahrer sein wie man selbst und es gibt auch Autofahrer, die sehr viel versierter sind auf Schneefahrbahn als wir, also lassen wir sie doch überholen. – Sie sind weder der Therapeut Ihrer Kollegin noch der Leibarzt Ihres Kollegen, und auch wenn Sie beiden nahe genug stehen, um die Gründe für ihr ungesundes Verhalten zu kennen, ist es deren persönliche Entscheidung, ob und an welchem Punkt sie etwas in ihrem Leben und an ihrem Verhalten ändern möchten. – Höflichkeit ist zwar ein Grundrecht, dennoch müssen nicht alle anderen ebenfalls dieser Ansicht sein. – Und nur weil *Sie* Ihre E-Mails prinzipiell innerhalb von

8 Stunden beantworten, heißt das nicht, dass das der Rest der Welt auch tun muss.

Es ist wichtig, dass wir verstehen, dass unser Maßstab nicht 100 von 100 ist und dass unser Maßstab nicht für jedermann das Ziel darstellt, dass es zu erreichen gilt. Denn all das hängt vom jeweiligen Wertegerüst ab, das individuell verschieden ist. Für den einen ist es ein Unding, dass Sie zu spät kommen, für den anderen ist es einfach nicht so schlimm. – Für den einen ist es unmöglich, dass Sie sich nicht an den vorgegebenen Dresscode halten, für Sie ist er lediglich ein Vorschlag und eine Anregung, kreativ zu sein und den Dresscode auf Ihre Art umzusetzen. – Der eine ist genervt, dass Sie so langsam fahren und regt sich fürchterlich darüber auf – der andere überholt Sie einfach.

Wenn Sie enttäuscht werden wollen, und wenn das sehr, sehr schnell gehen soll, dann gehen Sie von sich aus und erheben Sie sich selbst zum Maß der Dinge! Nehmen Sie nur eine Situation, in der Sie sagen: »*Das* würde *ich nie* machen!« – Ich bin überzeugt, Sie finden eine, und ich erzähle Ihnen dazu folgende Geschichte:

Einer meiner beiden Söhne, damals acht Jahre alt, kam von der Schule nach Hause und sagte:

»Paps, der Klaus macht eine Geburtstagsfeier, bitte darf ich da hin?!«

»Ja klar darfst du da hin!«, sagte ich.

»Darf ich da auch übernachten?«, fragte er.

»Ja klar darfst du da auch übernachten«, sagte ich.

Ich fuhr also mit meinem Sohn zum Elternhaus von Klaus, um ihn am Tag der Geburtstagsfeier dort abzugeben. Ich habe geläutet, mich bei den Eltern von Klaus vorgestellt und mich bedankt für die Einladung. Mir war wichtig zu wissen, wo er da eingeladen ist, ich wollte sicherstellen, dass er dort gut aufgehoben ist und sich dort wohlfühlt und so weiter. Ich gab der Mutter von Klaus meine Telefonnummer und sagte ihr, sie könne uns rund um die Uhr anrufen, das Telefon befände sich neben dem Bett, was auch immer sei, sie könne sich jederzeit melden.

»Wann darf ich ihn denn morgen wieder abholen?«, fragte ich zum Schluss.

»Wenn Sie zwischen 11:00 und 12:00 Uhr da sind, ist das perfekt«, sagte die Mama von Klaus.

Gesagt getan. Alles lief problemlos.

Zwei Wochen später.

»Teresa macht ein Fest. Darf ich da hin?« –

»Klar darfst du da hin.« –

»Bei der Teresa könnten wir auch übernachten …« –

»Klar darfst du dort auch übernachten.«

Lange Rede, kurzer Sinn. Same procedure as last time – dasselbe Prozedere wie beim letzten Mal. Ich habe meinen Sohn dort hingefahren, ich habe mich vorgestellt und mich bedankt, dass er eingeladen ist und übernachten darf. Ich habe meine Telefonnummer hinterlassen für den Fall, dass es ein Problem gäbe und ich ihn abholen müsste.

Bald darauf kam der Geburtstag unseres Sohnes und der wollte natürlich auch ein Fest machen.

»Bitte darf ich …« –

»Klar darfst du ein Fest machen!« –

»Und dürfen bei uns die Kinder auch übernachten?« –

»Ja klar dürfen die hier übernachten. Wenn es zu kalt ist, im Wintergarten, ansonsten stellen wir draußen ein Zelt auf.«

Das Fest sollte um 14:00 Uhr beginnen.

Um 13:55 Uhr läutete es an unserer Haustür.

Ich öffnete.

Ein kleines Mädchen stand vor der Tür.

»Wer bist denn du?«, fragte ich.

»Ich bin die Sara.« –

»Aha, wer hat dich denn hergebracht, Sara?«, fragte ich und sah mich um.

»Die Oma.« –

»Aha, holt die dich auch ab und wann?« –

»Ja die holt mich ab, du sollst sie anrufen«, sagte Sara.

Ich muss kurz einwerfen, dass diese Begebenheit sich zu Beginn der 1990er-Jahre zugetragen hat und Mobiltelefone und Eltern-WhatsApp-Gruppen noch ziemlich lange keine Selbstverständlichkeit waren.

Ich musste also im Telefonbuch nachsehen, um mir die Nummer der Oma zurechtzulegen und fragte Sara vor Beginn meiner Recherche:

»Wie heißt denn deine Oma?«

Sara sah mich mit großen Augen an: »Das ist die Rieder Oma!«

Ich dachte mir: ›Bitte das kann doch jetzt nicht wahr sein. Die stellen uns die Kinder vor die Tür und düsen heim!‹

Ich war wirklich völlig irritiert, habe Sara hereingeführt und danach unter vier Augen meiner damaligen Frau erzählt, dass wir nun die Telefonnummer von der »Rieder Oma« ausfindig machen müssten, denn Sara wäre einfach vor der Tür gestanden.

Ich hatte noch nicht zu Ende gesprochen, läutete es wieder.

Draußen stand Matthias.

Allein.

»Hallo Matthias. Wer hat dich denn hergebracht?« –

»Die Mama.« –

»Holt dich die Mama auch wieder? Und wann?« –

»Abholen wird mich der Papa. Du sollst ihn anrufen.« –
»Aha. Wo wohnt ihr denn?« –
»In der Goethestraße. Aber da wohnt der Papa nicht mehr.« –
»Aha. Wo wohnt denn der Papa?« –
»Das weiß die Mama auch nicht.«

Ich dachte ein weiteres Mal, dass das ja wohl jetzt nicht wirklich wahr sein könne. Jetzt stellen die uns die Kinder vor die Tür, ohne Notfallnummer, ohne Information, wann sie wieder abgeholt werden.

Für mich war dieses Verhalten völlig undenkbar, verantwortungslos, unhöflich und absolut falsch und ich hätte damals geschworen und viel Geld verwettet, dass aus diesen beiden Kindern einmal nichts werden wird, weil sich die Eltern nicht in der Weise um sie kümmern, wie meine damalige Frau und ich das für richtig und wichtig erachteten.

Nun, ich kann Ihnen verraten:

Heute, ungefähr 25 Jahre später, ist Sara Oberärztin.

Und Matthias ist Richter am Landesgericht.

Nur, weil Sie etwas als falsch ansehen, muss es nicht falsch sein und muss es jemand anderer nicht automatisch auch als falsch erachten.

DIE EIGENE SICHTWEISE IST NICHT AUTOMATISCH DIE RICHTIGE

»Wenn es ein Geheimnis des Erfolges gibt, so ist es dies:
Den Standpunkt des anderen verstehen
und die Dinge mit seinen Augen zu betrachten.«
Henry Ford, amerikanischer Erfinder, 1863 – 1947

Wir neigen dazu, unser eigenes Wertegerüst und unsere eigenen Maßstäbe für alle denkbaren Lebensbereiche als Maßeinheit für richtig und falsch, für positiv und negativ heranzuziehen. Das ist eine extrem fatale und leider weit verbreitete Denkweise. Ich bin sehr, sehr sicher, Sie kennen jemanden, der anlässlich eines Konflikts schon einmal gesagt hat: »Weil ich halt immer die Wahrheit sage …« oder »Ich kann nicht anders, als die Wahrheit zu sagen …« – Die Wahrheit, damit ist die eigene Sichtweise gemeint. Die ist aber nicht automatisch die Wahrheit. Und schon überhaupt nicht muss sie für alle gleich gültig sein. Denken Sie an meine Empörung darüber, man würde mir »die Kinder vor die Haustür stellen«.

ACHILLESFERSEN – WIE SIE MIT IHREN SCHWÄCHEN UMGEHEN

Stehen Sie offen zu Ihren Schwächen! Ich bin zu einem leidenschaftlichen Verfechter davon geworden, zu seinen Schwächen zu stehen, diese auch zu artikulieren und mit ihnen einen leichtfüßigen Umgang zu pflegen. Wer versucht, sie zu vertuschen oder wer probiert, seinem Umfeld etwas vorzumachen, bietet Angriffspunkte und öffnet Beschämung, im schlimmsten Fall Demütigungen Tür und Tor. Ich spreche aus Erfahrung. Auch wenn sich für Sie die Unzulänglichkeit des »nicht warten Könnens« möglicherweise harmlos anhört oder so, als würde ich *fishing for compliments* betreiben und eine Kleinigkeit als meine größte Schwäche verkaufen – sie war lange Zeit eine Art Achillesferse für mich und konnte nur deswegen so lange dominant und latent gefährlich sein, weil ich mich lange Zeit nicht zu ihr bekannt habe und mich immer wieder in Erklärungs- und Verteidigungsversuchen verheddert habe.

❞ Mit zwei befreundeten Ehepaaren haben meine damalige Frau und ich jahrelang die Tradition gepflegt, einmal im Jahr eine gemeinsame Städtereise zu machen. Wer mich kennt, weiß es und natürlich war auch in dieser Runde bekannt, dass es mir körperlichen Schmerz verursacht, mich für den Einlass in ein Museum oder beim Ticketschalter anstellen und warten zu müssen. Meine Fähigkeit zu warten ist gelinde gesagt nicht besonders ausgeprägt, und kaum war das Reiseziel ausgewählt, hieß es schon: »In das Vatikanmuseum werden wir wohl nicht kommen, weil der Peter wird sich da im Leben nicht anstellen wollen.« Ich habe mich jahrelang tatsächlich jedes Mal mit Händen und Füßen gewehrt und versucht, zu argumentieren: Dass wir jeweils nur wenige Tage unterwegs sein würden und hochgerechnet einen vollen Tag damit verbringen würden, uns vor irgendwelchen Museen oder Sehenswürdigkeiten anzustellen, anstatt die Zeit sinnvoller und bewusster miteinander zu gestalten.

Einmal war es wieder soweit: Unsere Gruppe bewegte sich in Paris in Richtung Centre Pompidou, und schon von Weitem war erkennbar, dass sich willige und geduldige Besucher in Zweierreihen vor dem Museum anstellten. Das würde dauern, bis wir da an der Reihe waren. Meine Mitreisenden kannten das Muster schon – wenn sie scharf genug schossen, würde ich mich eventuell den anderen zuliebe zum Anstellen überreden lassen: »Oje, das können wir vergessen, seht einmal die lange Warteschlange, das will der Peter sicher nicht ...«

Ich war nicht mehr ganz unbeschlagen aufgrund verschiedener Ausbildungen zum Coach und Mediator und habe entschieden, das übliche Muster zu unterbrechen, indem ich einfach sagte: »Stimmt. Ich kann nicht warten und ich bekenne mich dazu ...«

Ich habe in ein paar sehr verdutzte Gesichter geblickt und den Vorschlag gemacht, mich in ein Bistro zu setzen, wo ich die Menschen beobachten und Paris auf mich wirken lassen konnte, während die anderen sich anstellen und das Centre Pompidou besichtigen konnten. So haben wir es dann auch gemacht, und nie wieder war meine Schwäche, nicht warten zu können, ein Thema bei unseren Reisen.

Zu seinen Schwächen stehen, ich weiß, leichter gesagt als getan. Aber es gibt kein wirkungsvolleres Mittel, um uns an dieser Flanke gegen jene zu schützen, die nur nach den Fehlern suchen und nach dem, was nicht passt. Zu seinen Schwächen zu stehen bedeutet nicht, sie zu vertuschen oder sie zu umgehen – das würde in ein ungesundes Vermeidungsverhalten münden und möglicherweise Angst aufbauen vor Situationen, in denen Sie mit Ihren Schwächen konfrontiert werden. Wenn Sie ein Bewegungslegastheniker sind, müssen Sie sich trotzdem nicht unbedingt bei einer Tanzshow anmelden – Sie haben andere Talente und andere Mittel, gesehen zu werden, wenn Sie das möchten! Sie kochen nicht besonders gern – wieso erlegen Sie sich auf, beim Weihnachtsessen fünf Gänge für die Großfamilie zu kochen?

Es ist an der Zeit, dass Slogans wie »Talente fördern« beziehungsweise »die Stärken stärken« nicht mehr nur Wahlkampffloskeln oder Überschriften zu Büchern über unser Schulsystem sind, sondern dass sich der Blick auf das Positive, auf das Richtige auch in unserem Alltag verstärkt und wir aufhören, uns an Fehlern, Schwächen und Mängeln zu reiben. Ich spüre Müdigkeit gegenüber dieser Haltung und Müdigkeit, an diesen Sichtweisen festzuhalten, aber auch die Bereitschaft zur Abkehr von diesem fehlerorientierten Denken – es ist allerhöchste Zeit dafür.

Let the professionals do the job!

❞ Ich bin kein großer Technikanhänger und wenn ich mich bei einer Sache nicht gut auskenne, dann plage ich mich nicht damit herum, sondern halte mich an die sehr kluge Empfehlung, den Job den Profis zu überlassen. Als wir vor mehr als dreißig Jahren unser Haus gebaut hatten und es an die Inneneinrichtung ging, galt es auch, die Unterhaltungstechnik einzukaufen. Mir war es wichtig, den Auftrag einem Fachbetrieb in unserer Nähe zu erteilen. Ich habe dort die gesamte Anlage vom Satellitenempfänger bis zum Videorekorder, vom Fernsehgerät bis zum Musiksystem gekauft. Dazu habe ich mir bewusst einen lokalen Anbieter ausgesucht: ein kleines, feines Fachgeschäft. Ich habe nicht über den Preis diskutiert, aber ich habe bei der Auftragserteilung mit dem Anbieter die Vereinbarung getroffen: »Was auch immer ist und nicht funktioniert, du musst kommen und das reparieren.« Ich kenne die wichtigsten Knöpfe bei der Fernbedienung – das war es dann auch schon. Mir war von vornherein klar, dass ich mich im Fall eines Defekts nicht eine Minute selbst um die Behebung desselben kümmern würde, weil ich mich schlichtweg in diesem Metier nicht ausreichend auskenne und ich auch nie eine

Leidenschaft dafür entwickelt habe. Der Anbieter war einverstanden, ich habe ihm den Auftrag erteilt, und alles hat wunderbar funktioniert. Bis auf einen wirklich unwirtlichen Wintertag, ich glaube, mich erinnern zu können, dass es der zweite Weihnachtsfeiertag war: Es hat geschneit und gestürmt ohne Ende, wir waren quasi eingeschneit, und plötzlich funktionierte der Fernseher nicht mehr. Ich griff sofort zu meiner Notfallnummer und schilderte meinem Profi das Problem. Der vermutete, dass die Satellitenempfangsschüssel oder die Satellitenantenne eingeschneit seien. Zur Behebung müsse er also aufs Dach, aber das war ihm verständlicherweise bei diesen Witterungsverhältnissen zu gefährlich. Ich sagte: »Und was nun?« – »Du musst warten, Peter.« – »Worauf?« – »Bis der Schnee schmilzt.« So einleuchtend es war, dass bei den Bedingungen niemand ohne ausreichende Sicherung aufs Dach wollte, so inakzeptabel war für mich die Aussicht, auf die ersten Schneeglöckchen warten zu müssen, bis ich mit meiner Familie wieder fernsehen konnte, denn Sie haben ja schon gelesen: Das Warten ist und war nicht meins.

Ich rief bei der Feuerwehr an, erkundigte mich, ob sie sehr beschäftigt seien und ob sie gegen Bezahlung mit der langen Feuerwehrleiter zu mir kommen könnten, damit der Technikprofi sicher an unsere Satellitenschüssel gelangen könne, um sie zu reparieren. Die Feuerwehr hatte glücklicherweise an dem Abend keinen anderen Einsatz, war ausreichend besetzt, kam daher zu uns, fuhr die lange Leiter aus, der Techniker konnte gut gesichert den Schaden beheben, und in weniger als einer Stunde konnten wir wieder unbehelligt fernsehen. Da wir in einem kleinen Ort wohnten, war das Ganze natürlich mit dementsprechendem Aufsehen in der Nachbarschaft verbunden, da sich alle gefragt haben, weshalb bei tiefstem Schneetreiben am zweiten Weihnachtsfeiertag die Feuerwehr zu uns kommt und von der Straße aus die lange Leiter zu unserer Satellitenantenne ausfährt. Die Feuerwehr habe ich selbstverständlich bezahlt und zusätzlich in den darauffolgenden Tagen eine Jause für alle spendiert.

Meine damalige Frau hat mit dieser Begebenheit jahrelang ganze Tischrunden unterhalten – und ich habe mich jahrelang leidenschaftlich verteidigt, bis ich irgendwann anfing, zu sagen: »Ja, so ist das. Das ist meine Schwäche. Ich kann nicht warten. Ich *lasse* auch niemanden warten. Im Gegenteil: Wenn ich gebraucht werde, bin ich da. Deshalb habe ich das bei der Auftragserteilung klar und unmissverständlich vereinbart. Wir haben nicht über den Preis diskutiert, ich habe nicht einmal andere Angebote eingeholt, aber die Vereinbarung mit den Anbietern lautete: Wenn etwas nicht funktioniert, musst du da sein.«

WALK THE TALK – EIN GUTES BEISPIEL IST DER BESTE LEHRMEISTER

»Es gibt nichts Gutes, außer: Man tut es.«
Erich Kästner, deutscher Schriftsteller, 1899 – 1974

Walk the talk, den Worten Taten folgen lassen, vorleben, was wir selbst für richtig halten, andere behandeln, wie wir selbst behandelt werden möchten. Das Gegenteil also von Wasser predigen und Wein trinken, wie Heinrich Heine es ausdrückte.

Dass Sie mein Buch lesen, sagt mir, dass Sie der Titel getriggert haben könnte oder die Zeilen auf dem Buchrücken Ihnen möglicherweise gefallen haben, und dass Sie vielleicht der Gedanke an mehr »Grün« und Positivem in Ihrem Leben angezogen hat. Um die Neigung dauerhaft abzulegen, das Schlechte aufmerksamer wahrzunehmen als das Gute, bedarf es konsequenter Übung. Stellen wir uns die Frage, was wir wollen. Viele von uns wünschen sich mehr Positives, mehr Freundlichkeit, Leichtigkeit und Wertschätzung innerhalb ihres Miteinanders. Das ist allerdings nichts, was wir von außen einfordern können, sondern wir müssen als gute Beispiele vorangehen, und zwar auch und gerade dann, wenn uns aus unserem Umfeld Destruktivität und Negativität entgegenkommen. Die Entscheidung, sich auch dann nicht von Ihrem Weg abbringen zu lassen, wird Ihr Leben verändern. Und das Gute daran: Sie birgt kein Risiko, im Gegenteil, schon kleinste Handlungen und Gesten der Wertschätzung und Anerkennung, die Sie Ihrem Umfeld entgegenbringen, werden Sie mit positiver Resonanz belohnen. Und mit diesem Motivationsturbo fällt das Weitermachen umso leichter. Es ist unsere Haltung, die wichtig ist – das Lächeln, das wir aussenden, kehrt zu uns zurück, so lautet ein indisches Sprichwort, und es lässt sich wohl kaum treffender ausdrücken. Unser Umfeld muss spüren, dass unsere Grundhaltung eine echte, eine ehrliche ist, und dafür möchte ich Ihnen im letzten Kapitel zusätzlich zu den gedanklichen Übungen und Empfehlungen der vorangegangenen Seiten ein paar weitere Werkzeuge zeigen, die Ihnen dabei helfen werden und die Ihren Instinkt für Negativität nach und nach auf das notwendige Mindestmaß herunterfahren lassen.

»Es gibt nichts Gutes, außer: Man tut es« (Erich Kästner)

❞ In der Zeit, als dieser Text entstand, war ich in einem Supermarkt in Wien ein paar Lebensmittel einkaufen. Der Supermarkt war nicht sehr voll, alle gingen recht achtsam und zuvorkommend miteinander um und waren auf den Sicherheitsabstand bedacht. Die Atmosphäre war freundlich, trotz der damals noch für die meisten gewöhnungsbedürftigen verpflichtenden Adjustierung mit Handschuhen und Mund-Nasen-Schutz. Auf dem Weg Richtung Kassa änderte sich die Stimmung, und schon von Weitem nahm ich Ungemach in Person einer Dame wahr, die offensichtlich eine Position auf ihrem Kassenzettel geortet hatte, die dort nicht hingehörte. Ein Fehler, so etwas kann und darf passieren, aber aus irgendeinem Grund war es offensichtlich nicht möglich, der Dame den zu viel kassierten Betrag an Ort und Stelle auszubezahlen und die entsprechende Summe einfach zu stornieren, sondern die Kundin musste den Fall mit einer Kollegin beim Schalter gegenüber klären – was ein wenig umständlich und somit zeitaufwendig war, denn auch hinter mir stellten sich bereits schon wieder Menschen an.

Wir mussten also warten, was ohnehin schon nicht zu meinen Stärken gehört, aber offensichtlich erst recht nicht zu jenen der Dame, die – aufgrund des zugegeben etwas komplizierten Stornierungs- und Auszahlungsvorganges – bereits extrem genervt war, lautstark hinter ihrer Maske hervorschimpfte und die junge Frau an der Kassa in einem zunehmend abwertenden Tonfall anherrschte. Die Kassiererin versuchte, ruhig und freundlich zu bleiben, auch wenn man ihr ansah, dass ihr die Situation enormen Stress bereitete. Dann wandte die ältere Lady auch noch die Dritter-Mann-Taktik an, um die Kassiererin nicht direkt beleidigen zu müssen, sondern ihre Bosheit geschickt über die Bande zu spielen, indem sie der Kollegin zurief: »Ich habe es ihr schon x-mal erklärt, aber sie checkt es einfach nicht, so schwer ist das doch nicht, das darf aber jetzt nicht wahr sein, vielleicht versuchen Sie einmal, ihr das zu erklären ...« Eine unangenehme Situation auch für all jene, die das ungewollt mitansehen und mitanhören mussten.

Als der Fehler endlich behoben war und die Kundin aufgebracht aber sichtlich zufrieden darüber, dass sie ihren Unmut losgeworden war, den Supermarkt verlassen hatte, war ich an der Reihe, und der Kassiererin war anzusehen, dass sie Mühe hatte, ihre Fassung wiederzuerlangen.

Ich sagte zu ihr:

»Machen Sie sich keine Gedanken. Sie haben nichts falsch gemacht. Im Gegenteil. Sie haben das super gelöst und Sie haben brillant reagiert.«

In dem Augenblick fing sie an zu weinen, und gleichzeitig bedankte sie sich:

»Vielen Dank, dass Sie das sagen, das tut gerade so gut!«

Ein gutes Beispiel ist der beste Lehrmeister und ein gutes Beispiel sollten wir sein, so oft es uns möglich ist. Nicht nur einmal, sondern immer wieder. Nicht, weil wir für uns selbst positive Resonanz und höhere Beliebtheitswerte erhoffen, sondern weil es uns ein ehrliches Bedürfnis ist. Wir geben etwas, ohne etwas zu erwarten. Und in diesem (obigem) Fall habe ich auch etwas bekommen: aufrichtige Dankbarkeit für ehrlich gemeinte, artikulierte Anerkennung. Es ist so einfach und tut uns allen so gut – warum kostet es uns manchmal so viel Mühe und Überwindung?

Wenn wir uns bewusst für Denk- und Handlungsweisen entscheiden, die das Positive und Wertschätzende zum Mittelpunkt haben, dürfen wir nicht davon ausgehen oder darauf spekulieren, dass automatisch Positives zurückkommt und unser Verhalten sofort Schule macht. Es dauert eine Weile, bis sich Denk- und Verhaltensmuster neu ausrichten lassen, immerhin begleiten uns viele davon schon unser Leben lang. Ein wertschätzendes Miteinander und das grundsätzliche Bekenntnis, ein beispielgebendes Leben führen zu wollen, muss in erster Linie eine Entscheidung sein, die wir für uns selbst treffen.

Als Kinder orientieren wir uns an unseren Bezugspersonen (Eltern, Großeltern, Babysitter ...). Kinder unter drei Jahren haben noch keine bewusste Orientierung ausgebildet hinsichtlich ihrer eigenen Person (Wer bin ich? – Was kann ich? – Was will ich? – Was darf ich?), anderer Personen (Wer ist der andere? – Wie steht er zu mir? – Was kann ich von ihm erwarten?), des Raumes (Wo bin ich? – Was ist das für ein Raum? – Wo sind Gefahr und Schutz?) und der Zeit (Wann sind heute, gestern, morgen? – Wie lange dauert »gleich«, »eine Stunde«, »ein Tag«?). Säuglinge und Kleinkinder befinden sich im Hier und Jetzt. Sie hängen in größtem Maße von ihren Bezugspersonen ab und lernen von ihnen. Sie kopieren das Verhalten, das sie vorgelebt bekommen.

Irgendwann sind wir in der Lage zu unterscheiden und zu *ent*scheiden, ob wir ein bestimmtes Verhalten übernehmen oder ob wir davon Abstand nehmen wollen. Aber nicht nur Kinder, sondern auch Erwachsene kopieren das Verhalten ihrer Vorbilder – selbst dann, wenn es keinen Sinn ergibt oder ihnen nicht guttut (wir übernehmen ungesunde Lebensweisen, obwohl wir wissen, dass es uns schadet).

Unser Umfeld ist unser Lernfeld, es dient uns zur Orientierung: Was wir ablehnen, werden wir nicht anstreben oder nachmachen – was uns imponiert, was uns gefällt, werden wir nachahmen.

Dass wir auch destruktives Verhalten kopieren, hat mit sozialer Abhängigkeit zu tun und mit unserem Grundbedürfnis nach Zugehörigkeit:

Wer nicht mitmacht, ist draußen.

Und das kann in einem geschlossenen System wie Schule, Freundeskreis, Familie, Dorfgemeinschaft, Häuserblock und so weiter ungewünschte Folgen wie Ausgrenzung haben.

» Ich trinke schon mein ganzes Leben lang keinen Alkohol, weil er mir einfach nicht schmeckt. Dasselbe gilt für Nikotin, ich habe in meinem Leben noch keine einzige Zigarette geraucht. Aber als Jugendlicher und auch später als Erwachsener in Gesellschaft weder zu trinken noch zu rauchen hat mir viel Spott und Hänseleien eingebracht. Ich erinnere mich noch gut an die Zeit, in der ich im Vorstand eines Bundesligavereins war und wir nach der Vorstandssitzung regelmäßig in einem Gasthof zu Abend gegessen haben. Der Wirt kannte unsere Runde schon und rief jedes Mal, sobald wir das Lokal betraten, seinem Kellner zu: »Sieben Bier und für unseren kleinen Bruder einen Apfelsaft!«

Es ist nicht immer einfach, ein gutes Beispiel abzugeben, wenn man über kein Wertegerüst verfügt, auf das man in Zweifelsfragen zurückgreifen kann (siehe Seite 42), oder wenn man sich mit einer Entscheidung nicht ohne Wenn und Aber identifizieren kann (sie also halbherzig angenommen hat, siehe Seite 179). Da kann es leicht geschehen, dass einem Fehler unterlaufen, die man sehr leicht hätte vermeiden können.

Sehr häufig passiert es, dass man sich bei einer Entscheidung, die auf einen zukommt und die einem auf den ersten Blick gegen den Strich geht, im Vorfeld unglücklich deklariert (»Wenn das euer Ernst ist, schmeiße ich es hin!«, »Wenn das passiert, lasse ich mich scheiden!«), ohne sich zuvor zu fragen: »Was ist das Schlimmste, das mir passieren kann?« oder: »Kann ich es ändern? Will ich es lassen? Will ich es ohne Wenn und Aber annehmen?« Im schlimmsten Fall nehmen der Vorgesetzte oder der Partner Sie beim Wort, wenn Sie im Vorfeld und blind vor Zorn, frei von jeglichem Überblick einfach einmal drauflos drohen: »Wenn das euer Ernst ist, kündige ich!« oder »Wenn das passiert, lasse ich mich scheiden!«

Vor zehn Jahren habe ich ein Unternehmen in der Automotive Industrie begleitet, welches ein Firmengebäude für eine neue Unternehmenszentrale errichtet hat. 1200 Mitarbeiter haben dort gearbeitet, gebaut wurde für rund 1000 Mitarbeiter, denn es galt, ein Desksharing-Konzept mit Vertrauensarbeitszeit umzusetzen. Auf den ersten Blick mag das klingen, als könnte es nicht funktionieren, aber ich kann Ihnen verraten: Das hat es.

20 Prozent der Mitarbeiter sind im Regelfall entweder in Urlaub, krank, auf Fortbildung oder auf Dienstreise (in so gut wie jedem anderen Unternehmen ist dies übrigens ebenso).

Nur an einem einzigen Tag im Jahr klappt das ganze Unterfangen nicht so gut, nämlich am Tag der Weihnachtsfeier, denn an dem Tag sind alle da (außer die wirklich unabkömmlichen oder kranken), und die Mitarbeiter, die keinen Arbeitsplatz ergattert haben, sitzen in ihren Autos bei laufendem Motor an Computern oder Telefonen und arbeiten ein paar Dinge ab, bis es losgeht mit der Weihnachtsfeier.

Zuvor kam die Entscheidung des Unternehmens einer Gotteslästerung gleich, den Leuten den Schreibtisch und das eigene Büro »wegzunehmen«. Heute machen das schon viele Unternehmen so, und ich behaupte, nach der Pandemie 2020 werden es nicht weniger werden, im Gegenteil.

Sie hätten als Mitarbeiter damals sagen können:

»Ändern kann ich es nicht. Aber in einem Unternehmen, in dem ich keinen eigenen Schreibtisch und kein eigenes Büro habe, arbeite ich nicht.«

Sie hätten sagen können:

»Lassen möchte ich es aber nicht, denn mir macht mein Job Freude und das Unternehmen ist toll!«

Also galt es, das Unterfangen anzunehmen, und zwar ohne Wenn und Aber (selbst wenn Sie die Idee des Desk-Sharings für Schwachsinn halten).

»Sperrstund is'« (Hans Moser) – Es gibt Bereiche, da dürfen wir uns keine Fehler gestatten

❞ An einem Abend im Mai 2020 (die Corona-Maßnahmen waren gerade aktuell) kontrollierte die Wiener Exekutive gegen 0:20 Uhr ein Paar, das mit Getränken am Tisch im Schanigarten eines Italieners saß. Gemäß der zur Eindämmung der Covid-19-Pandemie erlassenen Verordnung durften sich Gäste zu diesem Zeitpunkt nur bis zur Sperrstunde um 23:00 Uhr in Österreichs Lokalen aufhalten.

Ein Sturm ging durch den Blätterwald, denn es stellte sich heraus, dass es sich bei den beiden Personen, die gegen diese Verordnung verstoßen hatten, um den österreichischen Bundespräsidenten und seine Frau gehandelt hatte.

Bundespräsident Alexander van der Bellen gestand »einen Fehler« ein: »Ich bin erstmals seit dem Lockdown mit zwei

Freunden und meiner Frau essen gegangen. Wir haben uns dann verplaudert und leider die Zeit übersehen. Das tut mir aufrichtig leid«, wird der Bundespräsident zitiert. Danach wurde tagelang darüber diskutiert, ob es mit dem Versacken des Präsidenten überhaupt zu einem Fehltritt gekommen war, denn der Wirt soll angegeben haben, er habe das Lokal ordnungsgemäß um 23:00 Uhr geschlossen, der Bundespräsident habe danach »einfach noch mit seiner Frau draußen im überdachten Schanigarten nett geplaudert«. Es wurde diskutiert, ob es überhaupt zu einer strafbaren Handlung gekommen war, weil der Bundespräsident und seine Frau nach 23:00 Uhr nichts mehr bestellt, sondern nur mehr konsumiert hatten. Laut Leitlinie der Wirtschaftskammer »darf der Betreiber das Betreten der Betriebsstätte für Kunden nur im Zeitraum zwischen 6:00 und 23:00 Uhr zulassen« – und deshalb wurde aufgeregt debattiert, ob jemand rechtlich gesehen Kunde oder Kundin ist, wenn nicht mehr bestellt, sondern nur mehr konsumiert wird, ob ein Lokal seinen Gästen auch nach dem Schließen erlauben könne, sitzen zu bleiben und ob das dann als Privatfeier gelte, solange Küche und Schank gesperrt seien. Und so weiter und so fort. Diese ganze Zurecht-Argumentiererei zeigte sehr deutlich auf, wie unklar die wohl allzu schnell erlassenen und deshalb ungenauen Verordnungen und Verbote waren. Einige Wochen später sollte sich überhaupt herausstellen, dass manche davon gegen die Verfassung verstießen und manche Strafen zu Unrecht verhängt wurden. Aber darauf will ich gar nicht hinaus, mir geht es um etwas ganz anderes:

Wochenlang haben die Österreicher in ihren Häusern und Wohnungen verbracht und den ersten Lockdown wirklich sehr gut gemeistert. Wochenlang gab es Berichte von teilweise empfindlichen Strafen, die bei Verstößen verhängt wurden, das wirkte abschreckend und manche passten von da an bestimmt noch genauer auf, nichts falsch zu machen. Wochenlang freuten sich alle schon darauf, sich endlich wieder mit Familie und Freunden treffen und verabreden zu können. Es war wochenlang für wohl kaum jemanden einfach, sich an all die Regelungen und Verordnungen zu halten und den Überblick zu behalten. Dann war es soweit, es kam nach und nach zu Lockerungen (wie der vorsichtigen Öffnung von Restaurants und Bars, jedoch mit der Sperrstunde um 23:00 Uhr), aber gleichzeitig gab es gefühlt tägliche Pressekonferenzen unserer Bundesregierung, in der uns die aktuellen Ansteckungs-Zahlen mit dem immer erhobenen imaginären Zeigefinger präsentiert wurden nach dem Motto: »Wenn ihr nicht brav seid, müsst ihr wieder drin bleiben.«

Und mittendrin der Auftritt des österreichischen Bundespräsidenten, der gegen die Gesetze der eigenen Bundesregierung verstößt und den Eindruck aufkommen lässt, dass man es nicht so genau nehmen müsse mit der Sperrstunde.

Ich stehe nicht an zuzugeben, dass mich dieser Vorfall, diese vermeintliche Kleinigkeit, maßlos geärgert und mein vollstes Unverständnis auf sich gezogen hat. Ich rede zwar die ganze Zeit darüber, dass wir nicht immer nur auf das blicken sollen, was falsch gelaufen ist, dass wir nicht das eine falsche Wort, sondern die neun richtigen sehen sollen. Er hat sich entschuldigt, das wäre das Positive an dem Fall, aber das reicht nicht, ich halte das für einen Fehler, der nicht sanierbar ist. Es gibt Bereiche im Leben, da dürfen wir uns keinen Fehler erlauben und das ist dann der Fall, wenn es um unsere Kernkompetenz und um unsere Verpflichtung geht, als gutes Beispiel voranzugehen und Vorbildwirkung zu zeigen. Wenn wir uns da einen Fehler erlauben, ist auch eine Entschuldigung nicht ausreichend. Denn wer, wenn nicht der Bundespräsident selbst, ist dazu verpflichtet, Vorbild zu sein. Die scharfe Kritik, der er danach ausgesetzt war, war aus meiner Sicht völlig gerechtfertigt.

Ich habe Lungenfachärzte gecoacht, die Kettenraucher sind. Nehmen wir einmal an, Sie wären bei einem kettenrauchenden Lungenfacharzt in Behandlung und der legt Ihnen ans Herz, mit dem Rauchen aufzuhören. Wie geht es Ihnen dabei? Nehmen Sie ihn ernst? Oder denken Sie vielleicht *So schlimm wird es schon nicht sein, er raucht ja selbst eine nach der anderen!*?

Oder stellen Sie sich vor, Ihr Internist ist schwer übergewichtig und sagt Ihnen, Sie müssten unbedingt einige Kilos abnehmen, denn das würde Ihrem Organismus, Ihren Gelenken und insbesondere Ihrem Herz guttun. Was denken Sie? Wie ernst nehmen Sie das mit dem Abnehmen?

Drehen wir die Situation um und stellen Sie sich vor, Sie wären bei einem Lungenfacharzt in Behandlung, der sehr sportlich ist, gesund lebt, nicht trinkt, nicht raucht und jedes Jahr einen Triathlon absolviert. Er legt Ihnen ans Herz, mit dem Rauchen aufzuhören. Ich bin überzeugt davon, Sie werden seinen Rat ernst nehmen. Wie schnell und ob Sie seine Empfehlung umsetzen, hängt natürlich von Ihnen ab. Ernst nehmen werden Sie ihn auf jeden Fall.

ANDERE ANNEHMEN, WIE SIE SIND – DER ENERGIESPARTIPP IHRES LEBENS

Menschen erleben unterschiedliche Prägungen und machen im Laufe ihres Lebens unterschiedliche Erfahrungen, positive wie negative. Die Summe aus all dem konstruiert ein Bild von der Welt und unserem Umfeld und gestaltet auch unsere Grundhaltung anderen gegenüber. Wer viel Schlimmes erlebt hat, steht seinen Mitmenschen tendenziell misstrauisch gegenüber. Wer viel Unbeschwertheit erfahren durfte, tut sich leichter damit, das Positive zu sehen und über kleine Ausrutscher ihm und seiner Umwelt gegenüber hinwegzusehen.

Jemand mit der Grundposition, andere anzunehmen, wie sie sind, mit ihren Stärken und Schwächen, hat es vergleichsweise leichter, wenn ihm destruktive Handlungsweisen begegnen. Der Blick dieser Menschen ist nicht zuerst auf das Negative gerichtet, das ihnen gerade widerfahren ist, sondern auf einen möglichen eigenen Anteil am Geschehen und darauf, wie in einer bedachten, der Situation angepassten Weise und mit einer wertschätzenden Haltung zu reagieren ist.

Das Verhalten des Gegenübers kann völlig inakzeptabel sein, und irgendetwas lässt die Situation gerade aus dem Ruder laufen. Aber was nützt es Ihnen, darauf einzugehen? Was bringt es Ihnen, wiederholt gegen eine Wand zu laufen? Der andere wird nicht zurückrudern, davon müssen Sie ausgehen. Wenn Sie mit dem Kopf gegen die Wand rennen, hat es keinen Sinn, den Anlauf zu verlängern.

Andere annehmen, wie sie sind – Eine Grundhaltung, die Ihr Leben verändern wird

Die dritte Stufe der Wertschätzung (siehe auch Seite 129) – Ich bin okay. Du bist okay. – ist zugegeben eine Haltung, die etwas Übung erfordert und manchmal auch einen überparteiischen und neutralen Schiedsrichter oder Moderator benötigt. Wenn man diese Grundhaltung aber einmal verinnerlicht hat, verändert sie unser Leben und macht unser Miteinander selbst in schwierigsten Situationen um Welten einfacher. Wenn ein Konflikt eskaliert, ist diese Haltung eines der wirksamsten Werkzeuge, das wir haben.

Nehmen Sie Abstand ein – treten Sie gedanklich einen Schritt zurück, um einen klaren Blick auf das ganze Geschehen zu haben.

Fragen Sie sich: »Was war mein Beitrag zu dieser Situation?«

Sagen Sie nicht: »Bist du verrückt geworden?«, sondern laden Sie Ihre Kommunikation mit einer positiven Grundbotschaft auf (Seite 130 und Seite 142). Egal, wie heiß es gerade hergeht. Kommentare, die mit einer positiven Grundbotschaft ausgestattet sind, erschweren es beiden Parteien, weitere destruktive Handlungen zu setzen.

Es muss nicht immer ein eskalierender Konflikt sein. Andere anzunehmen, wie sie sind, wird Ihnen auch in kleinen, alltäglichen Dingen das Leben leichter machen und zu positiven Resonanzen und einem besseren Miteinander führen.

Vielleicht gibt es eine Sportart, die Sie selbst betreiben oder bei der Sie gern zusehen, live oder am Bildschirm. Fußball, Tennis, Skisport. Wie schwer fällt es Ihnen, die Leistung der gegnerischen Mannschaft trotz der harten Konter und dem eindeutigen Foul, das der Schiedsrichter nicht adäquat geahndet hat, anzuerkennen und in einer wertschätzenden Haltung das Spiel zu verfolgen, welches Ihre Mannschaft zu verlieren droht? Wie schwer fällt es Ihnen, wenn Sie live am Fußballplatz mit dabei sind, nicht, wie alle anderen, auf den Schiedsrichter (der es offensichtlich mit den Augen hat und/oder die Abseitsregel nicht zu kennen scheint) zu schimpfen und den Sieg der gegnerischen Mannschaft abzuwerten? Wenn Sie übrigens erleben wollen, wie das im positiven und sportlich fairen Sinn geht, und wenn Sie fußballinteressiert sind, dann empfehle ich Ihnen, sich ein Fußballspiel in England anzusehen. Was Fairness angeht, bewegt sich der englische Fußballsport nämlich in völlig anderen Dimensionen als hierzulande. Da wird applaudiert, wenn nach einem Foul jemand wieder aufsteht, und zwar egal, ob er zur eigenen oder zur gegnerischen Mannschaft gehört. Oder Sie gönnen sich ein Eishockeyspiel in Kanada und in den USA – da wird nicht darüber geschimpft, sondern geschätzt, was die Athleten zeigen, egal, ob sie zur favorisierten oder zur gegnerischen Mannschaft gehören.

Vielleicht waren Sie auch schon einmal in der Situation, dass im Kollegenkreis über einen abwesenden Kollegen gelästert wurde. Wie schwer fällt es Ihnen, nicht mit einzustimmen in die negativen Kommentare, die Sie rein inhaltlich betrachtet für völlig gerechtfertigt erachten?

Wie schwer fällt es Ihnen, nach einem Streit mit dem Partner eine wohlwollende Haltung einzunehmen?

Den anderen anzunehmen erfordert Wohlwollen – ob beruflich, in alltäglichen Situationen oder im Privatleben. Den anderen anzunehmen bedeutet, ohne Wenn und Aber zu respektieren, wie er ist. Weder Sie selbst noch Ihre eigenen Standards sind der allgemein gültige Maßstab. *Ihre* Kriterien für »Rot«, »Falsch« oder »Negativ« gelten nicht automatisch für den Rest der Allgemeinheit und die Kriterien und Maßstäbe der anderen für »Rot«, »Falsch« oder »Negativ« gelten nicht automatisch für Sie.

DIE EIGENEN WUNDEN PUNKTE KENNEN

❞ In den großen Ferien gab es für mich und meinen Bruder nur wenige Regeln. Wir durften Kinder sein und die Ferien genießen.

»Schlaft, so lange ihr wollt, wer nach 12:00 Uhr aufsteht, muss sich sein Frühstück selbst machen, um 18:30 Uhr wird gemeinsam gegessen, da sind dann bitte alle da. Dazwischen habt eine gute Zeit«, so lautete unser Ferien-Regelwerk, das mein Vater aufgesetzt hatte.

Wir durften in den Ferien eigentlich tun, was wir wollten, aber dieses Um-halb-sieben-Daheim-Sein-Müssen war tatsächlich eine echte Herausforderung, und mein Bruder und ich haben uns jeden Tag darüber geärgert. Zum einen war mit unserem Vater nicht zu verhandeln, denn es war ihm wichtig, dass die Familie einmal am Tag gemeinsam isst. Auf der anderen Seite waren das Zusammensein und das Spiel mit den Freunden aber wirklich immer dann am spannendsten, wenn es gegen Abend zu ging und wir heim mussten zum Essen. Das hat uns wirklich genervt. Immer dann, wenn wir gehen mussten, waren Fußball und Räuber-und-Gendarm-Spiel am aufregendsten. Wir sind also an jedem Abend nach Hause, saßen pünktlich um 18:30 Uhr am Tisch, haben gegessen wie die Rennpferde und sind um 18:50 Uhr wieder raus. Fast immer waren die Freunde weg, in alle Winde verstreut und das Fußballspiel beendet.

Eines Tages passierte Folgendes:

Ich hatte die Zeit hinter mir gelassen, in der ich selbst noch große Ferien genießen durfte, hatte zwei Söhne, jeder von ihnen hatte ein super Zeugnis nach Hause gebracht, und ich wollte, dass sie eine tolle Ferienzeit haben.

»Ihr wart so brav das ganze Schuljahr lang, genießt die Ferien. Wer nach Mittag aufsteht, macht sein Frühstück selbst, das macht euch dann nicht die Mama, und einmal am Tag hätte ich gern, dass wir gemeinsam essen ...« – Ein Satz, den meine damalige Frau mit »Sind wir wieder wie der Papa!?« quittierte.

Sie haben mich schon ein wenig kennengelernt, wenn Sie bis hierher gelesen haben. Hier kommen gleich zwei Methoden zur Anwendung, die es mir schwer machen: die Dritter-Mann-Taktik (wer ist »wir«?) und ein kräftiger Druck auf einen heiklen Punkt (mein Bruder und ich haben täglich gelitten, wenn wir das Spiel unterbrechen mussten und die Freunde weg waren, als wir vom Essen zurückkamen).

Sehr viel früher habe ich »Du bist wie dein Papa« umgehend gekontert mit »Und du wie deine Mutter«.

Das konnten meine damalige Frau und ich ewig hin und her spielen.

»Du bist wie dein Papa!« –

»Nein, bin ich nicht!« –

»Aber ja doch, das mit dem gemeinsamen Essen hat dich doch früher selbst genervt, jetzt verlangst du es von unseren Söhnen!« –

»Und du bist wie deine Mutter!« –

»Nein, bin ich nicht!« –

»Aber natürlich, unsere Söhne sind die einzigen, die bei Frühlingtemperaturen eine Mütze tragen müssen, auch wenn sie noch so schwitzen!« –

»Aber das ist doch etwas ganz anderes!« –

»Nein, ist es nicht!«

»Sind wir wieder wie der Papa!?«, sagte meine damalige Frau also an diesem Tag.

»Stimmt«, sagte ich dieses Mal, »das will ich aber nicht und ich werde daran arbeiten.«

Meine damalige Frau und ich befanden uns in dem Muster, uns gegenseitig Vorwürfe zu machen. Nur durch eine Unterbrechung dieser Routine von einem von uns beiden konnten wir dieser Negativspirale entkommen.

»Du bist wie dein Papa!« oder »Sind wir wieder wie der Papa!?« habe ich ab dem Tag nie wieder von ihr gehört.

Mit den Eltern verglichen zu werden stellt bei den meisten von uns einen wunden Punkt dar. Deshalb habe ich auch dieses Beispiel gewählt, denn die ganzen Ferien tun und lassen zu dürfen, was wir wollten, und nur dieses eine Mal am Tag zu Hause sein zu müssen, um gemeinsam zu essen, war nun wirklich keine Schikane. Im Gegenteil. Als ich selbst Vater von zwei Söhnen war, konnte ich nachvollziehen, worauf es meinem Vater angekommen war. Nur dieses eine Mal am Tag wollte er gern die ganze Familie beisammen haben, und das war auch mein Wunsch. Und trotzdem: »Du bist wie dein Papa« habe ich in diesem Fall nicht sehr gern gehört. Der Vergleich mit den Eltern stellt bei den meisten von uns einen wunden Punkt dar – insbesondere, wenn er sich auf Eigenschaften oder auf Handlungsweisen bezieht, die wir als Kinder oder Jugendliche nicht so toll fanden, unter denen wir vielleicht sogar gelitten haben.

Wie groß oder klein die eigenen wunden Punkte sein mögen: Es ist wichtig, sie zu kennen, denn oft werden diese von anderen unbewusst getroffen (siehe Seite 77) und unsere Reaktion läuft daraufhin Gefahr, unverhältnismäßig auszufallen. Wenn wir getroffen sind, kommt bei uns Menschen ein uralter Instinkt zum Einsatz: Wir schlagen zurück, und die Mittel dafür sind individuell verschieden.

Denken Sie an meine frühere Assistentin, die bis zu ihrem zwölften Lebensjahr Zöpfe tragen musste und die ich mit meinem harmlosen Scherz über ihren Friseurbesuch völlig ungewollt tief gekränkt habe (siehe Seite 61). Jeder von uns ist unterschiedlich vulnerabel. Manche kränkt – meistens dann, wenn es eben eine tiefliegende Geschichte dazu gibt – ein schiefer Blick, ein eher harmloses Schimpfwort oder ein Scherz. Ein anderer steckt das einfach weg und denkt nicht weiter darüber nach.

Das Entscheidende bei der Frage, ob man etwas wegstecken kann oder nicht, ist: Was lassen wir als Kränkung oder als verletzende, destruktive Handlung zu und was nicht? Daher ist es so wichtig, mit unserem Wertegerüst vertraut zu sein (siehe Seite 42), unsere wunden Punkte zu kennen und genau zu unterscheiden, ob unsere Gefühle und unsere Reaktion auf eine Aktion des Gegenübers verhältnismäßig sind oder nicht.

Paul Watzlawik sagte: »Man kann nicht *nicht* kommunizieren«, genau so könnte man sagen: »Man kann nicht *nicht* wunde Punkte treffen« oder »Man kann nicht *nicht* kränken«, denn wir wissen nicht, was in dem anderen vorgeht. Oft passiert es ganz unbewusst und völlig ohne böse Absicht. Das tägliche Leben ist voll mit solchen Situationen.

Wir können aber lernen, mit unseren wunden Punkten umzugehen und jeden Schmerz, der von ihnen herrührt, als Mittel zur Selbstkenntnis betrachten. Ob wir das wollen oder nicht: Diese sensible Stelle weist uns auf etwas hin. Es ist wichtig, sich den eigenen wunden Punkten zu stellen, sich in sie hineinzufühlen, hinter ihnen her zu sein und an ihnen zu arbeiten. Wir müssen sie genau abstecken, um bei einem »Treffer« adäquat reagieren zu können. Wenn wir unsere eigenen Gekränktheiten und unsere wunden Punkte bewusst wahrnehmen und das unschöne Gefühl kennen, wenn wir getroffen werden, können wir uns zudem auch besser in andere hineinfühlen.

ZUSAMMENFASSUNG UND EMPFEHLUNGEN

Die Top-10-Werkzeuge für einen deutlichen Kursanstieg auf Ihrer Positiv-Seite

1.

- Beachten Sie das Boshaftigkeitsverbot! Probieren Sie es aus: Einen halben Tag lang, einen Tag lang, zwei oder mehr Tage lang nur Positives sehen, sagen, tun und damit automatisch ausstrahlen! Nehmen Sie sich nur so viel vor, wie Ihnen leichtfällt!

2.

- Verwenden Sie den magischen Zaubertrick des Liebevollen Betrachtens! Suchen Sie nach ausschließlich positiven Zugängen zu ungeliebten Situationen, schwierigen Entscheidungen, anstrengenden Mitmenschen: Wofür mögen Sie den anderen? Was gefällt Ihnen an der neuen Situation? Was finden Sie an der anstehenden Veränderung gut? Sie werden sehen: Sobald Sie nur eine Kleinigkeit gefunden haben, werden Sie die Situation oder den Menschen völlig neu und positiver bewerten können.
- Wenden Sie das Liebevolle Betrachten regelmäßig bei sich selbst an!

3.

- Sparen Sie sich fatalistische Fragen und Gedanken! »Was wäre, wenn dieses und jenes passiert wäre …« ist keine nützliche Frage, in keiner Lebenssituation.

4.

- Wenden Sie beim Abwägen die drei Fragen an, und Sie werden mit diesem gedanklichen Schnelltest sehr viel leichtfüßiger sein im Annehmen von Entscheidungen oder Situationen und Gegebenheiten:
  1. Ändern?
  2. (Ver-)Lassen?
  3. Annehmen ohne Wenn und Aber?
- Verinnerlichen Sie sich den Unterschied zwischen »etwas mitzutragen« oder »sich mit etwas zu identifizieren«!

5.

- Machen Sie sich nicht selbst zum Maßstab aller Dinge!
- Weil *Sie* etwas als falsch erachten, muss es nicht falsch sein!
- Weil *Sie* etwas als falsch erachten, muss es jemand anderer nicht automatisch ebenfalls als falsch erachten!
- Erheben Sie Ihre eigene Sichtweise nicht zur Wahrheit, die für alles und jeden gelten muss!

6.

- Kennen Sie Ihre Schwächen!
- Stehen Sie offen zu Ihren Schwächen!

7.

- Gehen Sie mit gutem Beispiel voran und gehen Sie mit anderen so um, wie Sie möchten, dass mit Ihnen umgegangen wird.

8.

- Es gibt Bereiche im Leben, da *dürfen* wir uns keinen Fehler erlauben, nämlich dann, wenn es um unsere Kernkompetenz geht. Innerhalb unserer Kernkompetenz wird es zur Verpflichtung, als gutes Beispiel voranzugehen und Vorbildwirkung zu zeigen.

9.

- Nehmen Sie andere an, wie Sie sind. Ich bin okay. Du bist okay. Auch in einem Konflikt.

10.

- Kennen Sie Ihre wunden Punkte! Diese sensiblen Stellen weisen uns auf etwas hin – suchen Sie sie, arbeiten Sie an ihnen, betrachten Sie sie liebevoll, nehmen Sie sie wahr und nehmen Sie sie ernst!

Endnoten

1 https://www.operieren.de/content/e3224/e10/e15/e20/e25/ (zuletzt abgerufen am 27.8.2020)

2 Brickman, P., Coates, D., Janoff-Bulman, R.: »Lottery winners and accident victims: Is happiness relative?« In: Journal of Personality and Social Psychology, 36 (8), 1978, S. 917

Weiterführende Literatur/ Literaturverzeichnis

Bhakdi, Sucharit und Reiss, Karina *Corona Fehlalarm? Zahlen, Daten und Hintergründe. Zwischen Panikmache und Wissenschaft: Welche Maßnahmen sind im Kampf gegen Virus und Covid-19 sinnvoll?* Goldegg. Wien, 2020.

Birkenbihl, Vera F. *Best of Birkenbihl: Alles, was man über das Denken und Lernen wissen muss.* MVG. München, 2020.

Dirnberger-Puchner, Silvia *Werden wir wie unsere Eltern? Die Kunst, sein Leben zu verändern.* Goldegg. Wien, 2012.

Epstein, Joseph *Neid – Die böseste Todsünde.* Verlag Klaus Wagenbach. Berlin, 2010.

Frank, Robert H. *Ohne Glück kein Erfolg. Der Zufall und der Mythos der Leistungsgesellschaft.* DTV Verlag. München, 2018.

Harris, Thomas A. *I'm ok – you're ok: A practical guide to transactional analysis.* Rowohlt. Hamburg, 1976.

Harris, Thomas A. *Ich bin o.k. – Du bist o.k.: Wie wir uns selbst besser verstehen und unsere Einstellung zu anderen Verändern können – Eine Einführung in die Transaktionsanalyse.* Rowohlt. Hamburg, 1976.

Kernberg, Otto F. *Hass, Wut, Gewalt und Narzissmus (Lindauer Beiträge zur Psychotherapie und Psychosomatik).* W. Kohlhammer. Stuttgart, 2016.

Reiss, Steven *Who am I? The 16 Basic desires that motivate our actions and define our personalities.* Berkley (Hrsg.), Penguin Random House. New York City, 2002.

Rosenberg, Marshall B. *Gewaltfreie Kommunikation. Eine Sprache des Lebens.* Junferman. Paderborn, 2016 (12. Auflage).

Schweighardt, Kurt E. *Feuerlaufen. Durch geheimnisvolle Kräfte zu einem neuen Ich.* Verlag Peter Erd. München, 1993.

Spiering, Ralph *Gekonnt wachsen. Erfolgreiche Spieltaktiken für Unternehmen.* Haufe Rudolf Verlag. Berlin, 2020.

Watzlawick, Paul *Anleitung zum Unglücklichsein.* Piper, München, 2009 (15. Auflage).

Zulehner, Peter *Navigieren im Auge des Taifuns. Die Kunst des Führens leicht gemacht.* Linde International. Wien, 2010.

Danke

Der erste Dank auf dieser Seite gehört Martina Paischer, meiner Ghostwriterin. Wir kennen einander seit mehr als drei Jahrzehnten und arbeiten seit dieser Zeit mit kleineren Unterbrechungen miteinander. Liebe Martina, dass du damals an meine Tür geklopft und später noch einmal so mutig und entschlossen deine Karriere gewechselt hast, freut mich bis heute – ich bin stolz auf dich, darf ich das sagen? Wie schon bei meinem ersten Buch *Navigieren im Auge des Taifuns* hast du mich auch bei *Neun richtig, eins falsch* mit Begeisterung und Klarheit durch das Projekt geführt. Mein Wissen ist das eine. All das, was in meinem Kopf vor sich geht, vermeintlich unwichtige Begebenheiten, meine Überlegungen und selbst das was ich *nicht* sage, in einen Text zu bringen, der einen nicht loslässt und bis zur letzten Seite lehrreich und unterhaltsam bleibt, ist das andere. Ich finde mich in jedem Satz wieder – dafür und für die Leichtigkeit und Freude an der gemeinsamen Arbeit bin ich dir unendlich dankbar.

Ich danke all jenen Menschen, die zu meinem beruflichen Erfahrungsschatz beigetragen haben – dazu gehören langjährige Kunden- und freundschaftliche Beziehungen ebenso wie Menschen, die mich nur ein kurzes Stück des Weges begleitet haben. Allen ist gemeinsam, dass ich ihnen verdanke, wo ich heute beruflich und menschlich stehe. Zu sehen, wie die Werkzeuge, die ich in meinen Trainings, Coachings und Seminaren weitergebe, erfolgreich umgesetzt werden, und zu sehen, dass meine Thesen, Gedanken und Empfehlungen in der

Berufswelt und auch im privaten Kosmos funktionieren, macht meinen Beruf zum schönsten, den ich mir vorstellen kann. Daher bedanke ich mich bei allen, mit denen ich arbeiten durfte, die mir als Beispielgeber und Erfahrungsbringer dienten, und die – während dieses Buch entstand – als Inputgeber und Begleiter an meiner Seite waren. Ganz besonders bedanke ich mich bei meinen beiden Söhnen, die als Reflexions- und Sparringpartner stets zur Verfügung standen und diese Rolle mit viel Engagement leben.

Ebenfalls ein besonderer Dank gehört jener Wegbegleiterin, die mich gegen meine ursprüngliche Absicht, ein zweites Buch zu schreiben, dazu ermutigt – ich möchte fast sagen, darauf bestanden – hat, dass ich mich mit meiner Ghostwriterin Martina Paischer treffe, um dieses Buch, das Sie in Händen halten, anzugehen und zu realisieren.

Ich danke allen, die mein Buch gelesen haben, und noch lesen werden, für jede Kleinigkeit, die sie daraus mitnehmen und umsetzen und damit zu einem positiveren und wertschätzenderen Klima in der Welt beitragen.

Stefan Gartler und Rainer Höltschl vom Leykam Verlag haben sofort für mein Buchthema gebrannt und waren vom Text begeistert. Dass mein Buch von einem Verlag publiziert wird, dem es wichtig ist, einen Beitrag für ein besseres Miteinander zu leisten, war nach Fertigstellung des Textes der sprichwörtliche Punkt auf dem »i« – danke dafür!

»Du kannst nicht immer Held sein,
aber du kannst immer Mensch sein.«
Johann Wolfgang von Goethe

Über den Autor

Mag. Peter Zulehner ist Business und Executive Coach, Management-Trainer, Moderator von Hochleistungsteams und Keynote Speaker sowohl national als auch international. Er ist Lehrbeauftragter und Lektor an nationalen und internationalen Fachhochschulen und Universitäten.

Der Satz aus seiner Webseite »Aus der Praxis für die Praxis« beschreibt sehr gut seinen erfahrungsbasierten Zugang zu Kommunikations-, Konflikt-, Führungs- und Veränderungsthemen.

Nach über 30 Jahren Berufserfahrung in Top-Management-Positionen, unter anderem als Vice President Human Resources (HR) der Magna International Europe AG, und über zehnjähriger höchst erfolgreicher Tätigkeit als selbstständiger Berater und Wirtschaftsmediator im Soft Skills Bereich sind ihm keine Kommunikations- und Verhaltensmuster fremd.

Dass ein wertschätzendes Miteinander bestmöglich Schule macht und verbreitet wird, ist dem Bestseller-Autor (*Navigieren im Auge des Taifuns. Die Kunst des Führens leicht gemacht*) ein wichtiges Anliegen, das er mit diesem zweiten Buch unterstützen will.